Andreas Unger

Vergebung

Andreas Unger

Vergebung

Eine Spurensuche

HERDER

FREIBURG · BASEL · WIEN

© Verlag Herder GmbH, Freiburg im Breisgau 2019
Alle Rechte vorbehalten
www.herder.de

Satz: de·te·pe, Aalen
Herstellung: CPI books GmbH, Leck

Printed in Germany

ISBN Print   978-3-451-37664-1
ISBN E-Book   978-3-451-81436-5

Inhalt

Einleitung

Vergebung war nie ein Thema für mich. Was hat einer schon zu vergeben, der in den 70er-Jahren in eine stabile, liebende Familie hineingeboren wurde, behütet und behutsam erzogen, im Wohlstand aufgewachsen, inmitten der Freiheit, Liberalität und dem Frieden Mitteleuropas? Mir sind große menschliche Verwerfungen bisher weitgehend erspart geblieben. Mal ein mieser Chef, okay, oder Reibereien mit Kollegen, deren Ehrgeiz sich nicht mit meinem vertrug. In jungen Jahren noch die ein oder andere Beziehung, die nicht gut endete, das ist auch schon alles, was es zu nennen gibt, gleich gefolgt von der Frage: Ist das nennenswert?

Ich habe also nichts zu verzeihen, und das bedeutet: Dieses Buch hat einer geschrieben, der sich dem Thema mit leichtem Gepäck nähert. Dramaturgisch ist das natürlich schwierig. Stellen Sie sich vor, wie wuchtig dieses Buch geworden sein könnte, stammte es von einem Autor, der sich durch das Schreiben mit einem Unglück oder Verbrechen in seinem Leben auseinandersetzt, den wir gewissermaßen live beim Ringen mit seinem Schicksal begleiten dürfen, der uns tief hineinführt in seine verletzte Seele und sich schließlich, im letzten Kapitel, geläutert von seinem Sieg über die Dämonen, bereit zeigt für das Stück Leben, das vor ihm liegt.

Stattdessen jetzt das: Ein unbeschwerter Autor schreibt ein Buch darüber, wie keinesfalls so unbeschwerte Menschen mit dem umgehen, was ihnen das Leben vor die Füße knallt. Ob das gut geht? Ich hoffe, dass es nicht nur gut gegangen, sondern dem Buch auch gutgetan hat. Ich habe versucht, den Menschen, die ich für dieses Buch kennengelernt habe, mit der Neugier des Unwissenden zu begegnen, nicht mit dem Bestätigungs- oder Widerlegungsbedürfnis dessen, der seine eigene Geschichte in derjenigen seines Gegenübers gespiegelt finden möchte.

Ich habe keinen autobiografischen Bezug zum Thema dieses Buches. Trotzdem, oder gerade deswegen, will ich erklären, wie ich auf dieses Thema gekommen bin. Nämlich doch durch eigene Erfahrung.

Es war an einem auf feierliche Weise unspektakulären Sonntag. Ich saß in unserer hellen, freundlichen Rokoko-Kirche in München-Thalkirchen, über mir blattgoldveredelte Putten, Heilige aus Gips standen in ihren Talaren, vom Hochaltar schaute die Heilige Tanja gütig auf diejenigen herab, für die sie so oft ein gutes Wort einlegen soll. Die Orgel war nicht nur zu hören, sondern auch zu spüren, in den Füßen und am Gesäß, der Weihrauch schärfte den Geruchssinn und schmälerte etwas die Sicht. Es war also während der Sonntagsroutine, die ich seit meinen frühsten Tagen kenne und liebe, als ich tat, was ich gelernt hatte: aufstehen, mitsingen, das Kreuzzeichen machen, beten, setzen, knien und genießen, dass das alles seine feste Ordnung hat und damit seine Richtigkeit. Selbst dem monotonen Leiern der Gebete kann ich etwas abgewinnen: Wohin kämen wir, wenn wir solche absoluten Hammerzeilen wie »Aber sprich nur ein Wort, so wird meine Seele gesund« nicht lakonisch und beinahe unbeteiligt, wie es sich gehört, vor uns hin sprechen würden, sondern mit Emphase in der Betonung? Der Gottesdienst müsste aufgrund von Ergriffenheit wiederholt unterbrochen werden.

Die Monotonie gibt mir Halt, weil sie mich in eine Reihe stellt mit Menschen rund um den Erdball, die seit Jahrhunderten diese Worte sprechen, diese Gesten machen und Gesänge hinaufschicken, und in eine Reihe mit Menschen, die das noch in Jahrhunderten tun werden. Der Rhythmus ist mir längst in Fleisch und Blut übergegangen, ich muss mich nicht auf ihn konzentrieren, und weil das so ist, passiert es mir manchmal, dass ich geistig abschweife, während ich spreche, dass ich mich zerstreue, sich mein Geist selbständig macht, herumstreunt, plötzlich kehrtmacht und mich zum Nachdenken bringt über all das, was ihm so aufgefallen ist während seines kurzen Ausflugs.

Wir waren also damals, während ich noch herumschweifte, beim Vaterunser angekommen, »und vergib uns unsere Schuld, wie auch wir vergeben unsern Schuldigern« beteten wir in feierlicher, monotoner Ernsthaftigkeit. Plötzlich erinnerte ich mich, wie mich dieses Vaterunser seit jeher begleitet hat, wie ich es früher betete, vorm Schlafengehen, als Kind, und welchen Reim ich mir damals, als vielleicht Sechsjähriger, auf »Vergib uns unsere Schuld« gemacht hatte: Ich habe mal einen Nachbarsjungen mit einem Taschenmesser in den Finger geschnitten. Zum Glück war es nur eine harmlose Schnittverletzung, geheilt mit Desinfektionsspray, Pflaster und gutem Zureden. Für mich aber war es eine ganz große Sache. Kleinlaut war ich zu dem Jungen gegangen, um mich zu entschuldigen. Ich hatte nichts zu vergeben, aber wollte, dass mir vergeben wurde. Ich glaube, das war der Tag meiner Kindheit, an dem ich »Schuld« kennengelernt habe und eben doch »Vergebung«. Und während ich wieder auftauche aus meiner Erinnerung, hakt er plötzlich ein, mein Geist, mit einer kleinen Frage:

Wie geht Vergebung?

Dann war die Kirche aus, ich machte mich auf den Weg zu Fuß nach Hause, vorbei am Antiquitätenladen, über die Straße, das Treppchen hoch und über die Ampel. Ich weiß nicht mehr, woran ich dachte, ans Mittagessen vielleicht, ans Wetter, an meinen neuen Fahrradhelm oder die Fenster, die mal wieder geputzt gehörten.

Mit den Fragen ist es ja so: Die schwersten kommen beiläufig daher, sie brechen nicht herein, nehmen einen nicht in Beschlag, zumindest nicht sofort. Man erkennt sie nicht daran, dass sie sich aufdrängen. Sondern daran, dass sie nicht mehr weggehen. Die riesigen, bisweilen monströsen Fragen, die sich hinter den kleinen verstecken, kommen erst nach und nach zum Vorschein.

An diesem Tag wusste ich noch nicht, dass diese Frage nur scheinbar eine kleine war, dass sie mich jahrelang nicht loslassen würde, dass ich Menschen auf der ganzen Welt treffen würde, um sie zu fragen: Wie geht Vergebung? Mir war nicht klar, wie einfach und kompliziert, vielschichtig und monolithisch die Frage ist, wie individuell die Antworten sind, wie persönlich und mitunter so gegensätzlich, dass man darüber ein ganzes Buch schreiben könnte. Dieses Buch hier.

1

Die Suche beginnt

Die großen Fragen, die hinter der kleinen stecken, kommen zum Vorschein. Am Computer in meinem Büro sitzend suche ich nach relevanten Einträgen im Internet. Zu den Suchbegriffen, die ich auf Deutsch und Englisch eingebe, zählen: vergeben, verzeihen, entschuldigen, nachtragen, Rache, Vergeltung, Einsicht, Nachsicht, Vergessen, Versöhnen, Loslassen, Täter, Opfer. Hinter jedem dieser Wörter stehen Gedankengebäude, Glaubensfragen, Geschichten, Gefühle, Lebensläufe. Schon allein die Zahl der Suchbegriffe, die mir wichtig erscheinen, lässt mich ahnen: Das Thema könnte größer sein, als ich dachte.

Fast zu groß, so sperrig und pathetisch wie das Wort daherkommt: Vergebung. Prediger sagen es. Angeklagte bitten darum, wenn sie vor Gericht stehend gesenkten Hauptes Reue zeigen. Und Schauspieler am Ende kitschiger Filme, damit auch der letzte Zuschauer kapiert: Obacht, jetzt wird's sentimental.

Vergebung beziehungsweise die Bitte darum, das scheint den ganz Großen vorbehalten sein: Willy Brandt, wie er in Warschau auf die Knie fällt. Nelson Mandela, wie er nach über einem Vierteljahrhundert in den Gefängnissen der Buren die Aussöhnung mit ihnen einleitet. Oder Papst Franziskus, der Gott um Vergebung für die bittet, die afrikanische Flüchtlinge vor Lampedusa ertrinken lassen.

Doch so ist es nicht. Je mehr ich nach der Vergebung suche, desto mehr erscheint sie mir genau so außergewöhnlich wie alltäglich zu sein. Sie steckt im »Ego te absolvo«, mit dem der Priester den Beichtenden von sei-

nen Sünden losspricht, und im saloppen »Schon okay«
der Tochter, deren Papa sie mal wieder zu spät vom Kin-
dergarten abholt. Sie ist im Spiel, wenn sich der gefoulte
Fußballer, der sich eben noch im Gras wand, an der hin-
gestreckten Hand seines Gegenspielers hochzieht. Verzeihen passiert beim Bier, das zwei ehemals beste Freunde
nach zehn Jahren der Funkstille miteinander trinken,
nachdem der eine dem anderen die Freundin ausgespannt
hat. Oder unterm Weihnachtsbaum der alt gewordenen
Eltern, wenn die Erinnerung an die gemeinsame Kindheit
zwei Schwestern einen alten Streit vergessen lässt. Es kann
in einem langen Brief geschehen, durch einen knappen
Handschlag oder gar in aller Heimlichkeit, es kann das
glückliche Ende eines jahrelangen Ringens bedeuten oder
eher nebenbei passieren.

Im Netz finde ich platte Hinweise des Inhalts, Verzeihen
sei wirklich wichtig. Ich finde fromme Schriften, Streit-
schriften, Bekenntnisschriften. Esoterische Bücher mit
Titeln wie »Versöhnung mit den Ahnen: Mit der 7-Gene-
rationen-Aufstellung zu ungeahnter Kraft«; der Arzt-
Roman Nr. 141 mit dem Titel »Wir müssen vergessen –
und verzeihen«; eine Handy-Schutzhülle mit der Auf-
schrift »Fight Less – Forgive More«; die CD »Verlieben,
verloren, vergessen, verzeihen« des Schlagerstars Wolf-
gang Petry mit dem Hinweis »Tanzbar!«; Stieg Larssons
Roman »Vergebung«; und jede Menge Do-It-Yourself-
Ratgeber-Literatur mit hundertprozentigen Problemlö-
sungsvorschlägen, zum Beispiel: »Radical Forgiveness: A
Revolutionary Five-Stage Process to Heal Relationships,

Let Go of Anger and Blame, Find Peace in Any Situation«.
Einmal Blanko-Vergebung bitte – danke auch.

Immerhin werden die Fragen präziser, die sich stellen: Welche Rolle spielt die Schwere der Tat? Ist es wichtig, dass der Täter bereut? Dass er sich entschuldigt? Ist es leichter, eine Fahrlässigkeit zu verzeihen als eine Affekttat oder ein vorsätzliches Verbrechen? Welche seelischen Voraussetzungen bringen Menschen mit, die vergeben?

Ist Verzeihenkönnen eine Gnade, eine Tugend, eine Errungenschaft? Aus welchem Material ist Vergebung: aus einem rationalen Beschluss, einem Kalkül, einem Gefühl? Was sind ihre Voraussetzungen, und wie schafft man sie? Was ist das Gegenteil von Vergeben? Ignorieren? Nicht vergeben? Rache nehmen? Kann auch die Genugtuung, die aus Rache stammt, Wunden heilen? Was macht das Verzeihen mit den Opfern? Was mit den Tätern? Was bedeutet das Nicht-Verzeihen? Und was ist der Unterschied zwischen Vergeben und Verzeihen?

Ich bin unzufrieden. Was im Netz steht, bringt mich kaum weiter. Ich will mich nicht über ein Phänomen informieren, will mich nicht schlau machen, will zu nichts aufgefordert, von nichts überzeugt und zu nichts bekehrt werden. Was also will ich? Ich bin ziemlich überfordert, ganz allein. Also suche ich Partner für meine Recherche. Die Fotografin Silke Wernet lässt sich auf das Thema ein. Gemeinsam ergattern wir ein Recherche-Stipendium des Fachverbands Konfessionelle Presse im Verband Deutscher Zeitschriftenverleger. Anschließend gewinnen wir das Magazin *stern* dafür, für eine umfangreiche Recherche ein Budget einzurichten. Redakteur Dominik Stawski betreut unser Stück redaktionell. Ihnen allen ein herzliches Dankeschön!

Ich weiß noch nicht, was ich in der Welt der Vergebung und des Verzeihens genau suche. Aber ich weiß, wie ich vorgehen will: Ich will mit Menschen reden. Auf einer Reise quer durch Deutschland, weiter nach Polen, Israel, Palästina und in die USA, auf einer Reise in die immer wiederkehrende Ratlosigkeit und wieder zurück. Ich tue nicht so, als verstünde ich alles. Dem, was einigen meiner Gesprächspartner widerfahren ist, kann man nicht mit Sätzen begegnen wie »Ich weiß, was Sie meinen.« Ich weiß es nämlich nicht, oder besser: Ich weiß es allenfalls nur bis zu der Wegmarke, ab der einen nicht mehr Analyse und Empathie, sondern nur noch eigenes Erleben weiterführen. Diese Wegmarke wollte ich gerne erreichen. So habe ich mich von Frage zu Frage gehangelt, von Ratlosigkeit zu Ratlosigkeit, Begegnung zu Begegnung. So habe ich eine Reise getan hin zu den Quellen der Vergebung. Auf diese Reise nehme ich Sie, liebe Leser, mit.

2

»Weil die Wärme tot war in mir«

Am Morgen des 12. Mai 2009 stieg ich ins Auto und fuhr nach Winnenden. Am Tag zuvor hatte Tim K. die Albertville-Realschule betreten, ein ehemaliger Schüler, in einem schwarzen Kampfanzug und mit einer Pistole bewaffnet, und dort 13 Menschen erschossen. Anschließend hatte er einen Autofahrer gekidnappt, war mit ihm nach Wendlingen gefahren, hatte zwei Männer in einem Autohaus und sich anschließend selbst erschossen. Ich sollte für die Zeitung *Der Tagesspiegel* aus Winnenden berichten.

Auf dem Weg vom Parkplatz herrscht auf den ersten Blick die Normalität einer südwestdeutschen Kleinstadt: Am Milchstand gibt es Thymiankäse, Menschen schauen in Schaufenster, die Müllabfuhr fährt Müll ab. Ein Junge schickt sich an, bei Rot über die Ampel zu gehen, ein alter Mann hebt mahnend den Zeigefinger, der Junge macht kehrt, lächelt, wartet. »Die Blumen verkaufen sich gut heute«, sagt der Mann am Blumenstand. Und schiebt erschrocken hinterher: »Aber man will sich ja nicht am Leid bereichern.« Ich nähere mich der Realschule. Immer mehr Menschen mit verweinten Gesichtern kommen mir entgegen. Ihre geröteten Augen starr geradeaus gerichtet, gehen sie mit eingezogenen Köpfen durch die Marktstraße, die die Altstadt in der Mitte trennt. Dort trifft sich, wie an jedem Markttag, die Seniorengruppe der Arbeiterwohlfahrt, eigentlich zum Kanastern, aber heute bleiben die Karten in der Schublade. Ein knappes Dutzend älterer Herrschaften sitzt an Resopaltischen, sie suchen nach Erklärungen. Dabei war er so ein guter Tischtennisspieler, sagt einer. Und gut im Armdrücken, ein zweiter. Und ein guter Schütze, ein dritter.

Auf dem Platz vor der Realschule parken mobile Übertragungswagen von Fernsehsendern, davor reihen sich Reporter aus der ganzen Welt auf, aus Frankreich, Australien, Großbritannien und Japan. Dazwischen stehen, gehen, schleichen Kinder, Jugendliche, Erwachsene herum, und sehr viele Polizisten. Es ist ein sehr beklemmender Tag für mich. So viel Unglück auf so kleinem Raum, so viel Taubheit, Verzweiflung, Anspannung und Schmerz. »Gott, wo warst du«, steht auf auf einem Plakat, das ein junger Mann ein paar hundert Meter von der Schule entfernt hochhält.

Ich soll aktuell berichten, spreche Menschen an. Eine junge Frau sagt, sie habe Angst, auf die Straße zu gehen. Vielleicht steckt irgendwo noch jemand, irgendein Freund des Täters. Sie wisse, dass das eigentlich nicht sein kann, aber das hilft ihr nicht, nachts hat sie kaum geschlafen. »Er hat zwei Freundinnen von mir erschossen.« Sie sagt es ganz sachlich, aber ihre Fassung reicht kaum bis zum Ende des Satzes.

Ich gehe durch die Straßen, klingle an der Haustür eines Kindergartens. Von der Leiterin möchte ich wissen, welchen Eindruck sie heute von den Kindern hat. Sie erzählt, dass viele Eltern ihre Kinder am Tag nach der Tat zu Hause gelassen hätten. Die, die da sind, stellen Fragen: Warum macht der Mann das? Warum war er so böse? Die Erzieherin sieht mich so ratlos an wie wohl auch die Kinder. Ich weiß es nicht, sagt sie.

Irgendwo in diesem Gemenge muss am Tattag auch Gisela Mayer gestanden haben. Sie wollte zu ihrer Tochter Nina, einer Referendarin an der Winnenden-Realschule. Nina verlor an dem Tag ihr Leben. Gisela Mayer wollte zu ihrem Kind, wollte sie sehen, es in den Arm nehmen, doch man ließ sie nicht. Als jemand fälschlicherweise behauptete, Nina sei schon abtransportiert worden, machte sie sich auf den Weg nach Hause. Dort klingelten wenig später die ersten Reporter. »Ich war noch geistesgegenwärtig genug, sie wegzuschicken.« Tags darauf aber ließ sie jemanden von der Zeitschrift *Bunte* in ihr Haus. »Das war ein Fehler.« In den Tagen danach verkroch sie sich mit ihrer jüngeren Tochter Ibo und ihrem Mann im Haus. Sie saßen da, taten nichts, »man verliert das Gefühl für Zeit«. Die Fenster verhängten sie mit Leintüchern, damit Fotografen und Kameraleute ihnen, die in einem Tal wohnen, nicht per Tele ins Wohnzimmer filmten.

Das alles erzählte mir Frau Mayer erst Jahre später, als wir uns zum ersten Mal begegneten. Mir war meine Arbeit in Winnenden wieder eingefallen, als ich darüber nachgedacht hatte, wer mir etwas über Vergebung erzählen könnte. Ich schreibe sie an, wir telefonieren. Sie scheint froh zu sein, einmal nicht nur über »die Tat«, »den Täter«, »die Zeit und das Leben danach« sprechen zu können. Ihr spontaner Kommentar, als ich ihr sage, dass ich übers Vergeben mit ihr sprechen möchte: »Oh, darüber habe ich noch nicht weiter nachgedacht.« Ihre Neugier auf das Thema macht mich wiederum neugierig auf sie, eine gute Voraussetzung für ein gutes Gespräch.

Ich lese ihr Buch »Die Kälte darf nicht siegen – Was Menschlichkeit gegen Gewalt bewirken kann«, erschienen etwa ein Jahr nach der Tat. Darin beschreibt sie ihre abgrundtiefe Ratlosigkeit angesichts der Sinnfrage: »Nina ist einen grundlosen Tod gestorben, einen wahllosen, willkürlichen, zufälligen. Es gibt nicht einmal den Ansatz von Erklärungen, von Begründungen, die einen Zusammenhang zwischen meiner Tochter und ihrem Mörder schaffen könnten. Der Amokläufer von Winnenden kannte Nina nicht, er hatte sie nie zuvor in seinem Leben gesehen, hatte nie ein Wort mit ihr gesprochen. Ihre Begegnung auf dem Flur der Schule war die erste – und die letzte. Der einzige Grund, warum sie sterben musste, war, dass sie helfen wollte.« Wie kann man jemandem vergeben, zu dem man überhaupt keinen persönlichen Bezug hat? Dem man die Frage nach dem »Warum« allenfalls ins Grab hinab zurufen kann?

Etwa fünf Jahre nach der Tat gehe ich dieselben Wege, die ich direkt nach dem Amoklauf gegangen bin, diesmal mit einem anderen Ziel: einem Büro in der Wallstraße. »Stiftung gegen Gewalt an Schulen – Aktionsbündnis Amoklauf Winnenden« steht am Eingang. Dorthin hat mich Gisela Mayer, die der Stiftung vorsteht, eingeladen.

Mir gegenüber, zwischen Regalen voller Fachliteratur, sitzt in sehr aufrechter Haltung eine Frau mit geradem Blick aus offenen, braunen Augen, aufgeschlossen, zugewandt, präsent. Und ein bisschen geschäftsmäßig. Ich weiß, dass ich nicht der Erste bin, mit dem sie über den Mehrfachmord von Winnenden spricht, und glaube das auch an ihrer Art mir gegenüber zu bemerken: Sie antwortet klar, aber das liegt auch daran, dass sie ein paar Fragen schon einige Male gehört hat und dass die Antworten bereits vorformuliert in ihrem Kopf vorliegen.

Gisela Mayer erzählt zuerst von einer gewaltigen Leerstelle. Sie heißt »Täter«. Das, was alle Welt an diesem Tag ganz selbstverständlich »die Tat« nennt, hat Gisela Mayer lange Zeit nicht als solche erlebt. Sondern wie eine Naturkatastrophe. Als wäre die Ursache keine menschliche, als gebe es keine Schuld, keine Verantwortung. Zu schwer, abstrakt, entfernt, zu wenig hilfreich erschienen ihr diese Begriffe, obwohl sie, die Philosophie studiert hat, mit ihnen vertraut ist.

Es fällt mir schwer, das zu verstehen: die Tat keine Tat, der Täter außen vor, wie kann das sein? Waren nicht Zeitungen, Fernsehen und Radio voll des Rätselratens, wie es zu dem Verbrechen kommen konnte? Übertrafen sich die Journalisten nicht gegenseitig in der beliebten Disziplin des Täterdeutens, frei nach dem Motto »Eine unbeantwortete Frage lässt sich jederzeit mit Spekulationen stopfen«?

Fotos von Tim K. machten damals die Runde. Auf einem Passfoto schaut ein pubertierender Junge mit länglicher Brille und akkuraten Koteletten etwas unschlüssig und ziemlich ernst in die Kamera. Ein anderes zeigt ihn lachend, offen, einladend. Mal sieht man ihn neben zwei Mitgliedern eines Sportvereins vor einem Handballtor stehen, mal Tischtennis spielen oder einen Pokal in der Hand halten. Die Fotos erinnern mich an meine eigene

Pubertät. So schaut jemand, der sich unwohl fühlt in seiner Haut, emotional vielleicht ein wenig unbehaust, mit anderen Worten: Diese Fotos erscheinen mir so vollkommen normal, dass sich die Frage aller Fragen aufdrängt: Wie konnte so einer so etwas tun? Und: Warum scheint Gisela Mayer zunächst nicht nach Antworten darauf gesucht zu haben?

Die Leerstelle namens »Täter« muss so umfassend, so riesig gewesen sein, dass Mayer von ihrer Existenz noch nicht einmal wusste. Erst nach und nach füllte sie sich. Mayer beschreibt die allmähliche, behutsame Erweiterung ihres Blickfeldes. Etwas in ihrer Psyche muss gnädig genug gewesen zu sein, nur jeweils das zuzulassen, was sie gerade noch ertragen konnte. Ihre Tochter ist tot – schon das war zu viel Information, schon allein damit umzugehen, war Zumutung genug in den ersten ein, zwei Jahren. Sie konnte sich nicht auch noch mit dem Täter beschäftigen. Und: Sie musste ihr Leben weiterleben, auch als Ehefrau und Mutter ihrer jüngeren Ibo.

Die war das, was wohl jeder gesunde Mensch in ihrer Situation wäre: überfordert. Ein Jahr lang besuchte sie kaum die Schule – sie hielt es nicht aus darin, obwohl es sich nicht um Ninas Schule handelte. »Staatliche Schulen sehen einander sehr ähnlich«, erklärt Gisela Mayer. Die Lehrer rieten dazu, dass sie die Jahrgangsstufe wiederhole; sie brauche Zeit, müsse zur Ruhe kommen, das Geschehene erst einmal verarbeiten. Aber die Mutter kam zu einem anderen Schluss: Ibo umgab sich lieber mit älteren Schulkameraden, sie war ernsthafter geworden seit dem Tod ihrer Schwester. »Durch das, was sie erlebt hat, ist sie gereift. Diese Reifung durch Leid und Not war für sie wichtig.« Gisela Mayer fürchtete, dass sie, wenn sie eine Klasse wiederholen und dadurch mit noch jüngeren Klassenkameraden zu tun haben würde, sich entfremden würde, und setzte sich stattdessen dafür ein, dass Ibo im bisherigen Klassenverband bleiben durfte, auch wenn sie große Teile des Unterrichts versäumt hatte. Das war der richtige Weg, Ibo schaffte die Klasse.

»In äußeren Angelegenheiten konnte ich für sie da sein«, sagt Mayer im Rückblick. Etwa wenn sie der Versuchung widerstand, ihre Tochter über die Maßen zu behüten, als es während der Pubertät darum ging, das Nachtleben zu erkunden: Zu wem steigt sie ins Auto, wie lange bleibt sie weg? »Es hat mich Überwindung gekostet, ihr den nötigen Freiraum zu geben.« Trotzdem sagt sie rückschauend: »Ich habe ihr Unrecht getan damals: Ich hätte noch mehr für sie da sein müssen, sie auffangen müssen. Aber ich war dazu nicht in der Lage. Mein Gefühlsleben war erstarrt, wie tot. Mit den Gefühlen ist es nämlich so: Sie können den Deckel drauf halten, aber dann auf allen Gefühlen: auf Trauer, Verzweiflung, Wut, Hass und was da sonst noch ist. Was nicht geht, ist ein selektives Aufarbeiten: Nina nachweinen, aber über den Täter nicht nachdenken«.

Erst Jahre später waren die beiden in der Lage, darüber zu sprechen. Ihre Tochter sagte ihr, dass sie Wärme vermisst hat und Aufmerksamkeit. »Weil die Wärme tot war in mir«, sagt Mayer heute, »nicht weil ich sie nicht geben wollte.« Im Nachhinein wurde Mayer auch klar, unter welchem Druck ihre Tochter stand. »Sie wurde von Ibo Mayer zur Schwester von Nina Mayer. Ich habe es erst spät mitgekriegt: Neben ihrem eigentlichen Verlust hat sie auch noch ein Stück ihrer eigenen Identität verloren.«

Auch das gehört zu dem Päckchen, nein, dem Packen, der zu bewältigen und zu verzeihen ist: nicht nur der Tod der Tochter, sondern auch die Verwerfungen, die dadurch erst entstehen, die Versäumnisse, die aus Überforderung erwachsen und aus der Tatsache, dass das Leben Frau Mayer keine Pause schenkt, nachdem die Tochter getötet worden ist. All das hatte sie mit sich selbst auszumachen. Sie musste damit umgehen, Verantwortung nicht gerecht zu werden, sich nicht um Kind und Mann kümmern zu können, weil sie erst einmal die Sicht auf sich selbst klar kriegen muss. Fühlte sich Frau Mayer schuldig deshalb? Sie seufzt. »Gute Frage. Ja, Manchmal. Ich habe mir manchmal Vorwürfe gemacht, weil ich ihre Lage nicht gesehen habe und selbst nicht in der Lage war, offen und aufmerksam zu sein.«

Frau Mayer hat einige Beziehungen auseinandergehen sehen nach Winnenden. Ihr und ihrem Mann ist das erspart geblieben. »Ich war nicht die liebevolle Ehefrau, die er gebraucht hätte in der Zeit. Im Nachhinein weiß ich, dass jeder von uns auf seine Weise getrauert hat, traumatisiert war. Es brauchte ganz viel Toleranz, um damit klarzukommen.« Ihr Mann blieb privat, besuchte täglich Ninas Grab, während Mayer öffentlich sprach, das Grab nicht für ihre Trauer benötigte. Die beiden hatten einen intuitiven Pakt, den sie so beschreibt: »Ich sehe, du leidest. Mach, was dir gut tut, ich helf dir.« Darüber gesprochen haben sie übrigens kaum. »Es ist ein Irrglaube, dass man sich therapiert, indem man sich alles erzählt. Wir haben einander akzeptiert.«

Und dann möchte Mayer noch mit zwei Missverständnissen aufräumen. Erstens, dass sie öffentlich über den Tod ihrer Tochter spricht, weil sie sich damit etwas von der Seele rede. »Die Öffentlichkeit ist ein schlechter Therapeut.« Und zweitens, dass sie damit dem Tod ihrer Tochter so etwas wie einen Sinn gebe. »Das ist schlicht und einfach ganz großer Quatsch. Ich tue es, weil ich Menschen helfen kann kann, indem ich meine Erfahrungen teile.«

Zuerst also erschien Mayer die Tat nicht als Tat, sondern als eine Art Naturkatastrophe. Doch irgendwann schlich sich der Täter in Mayers Bewusstsein. Ohne äußeren Anlass, ohne Aha-Erlebnis, sondern ganz leise und mit Gewalt. Es gab jemanden, der die Entscheidung getroffen hat, möglichst viele Menschen zu töten. Es war kein Erdbeben, sondern ein Verbrechen. Nina würde unter anderen Umständen noch leben. Mayer hat ein Wort dafür gefunden, »Menschenkatastrophe«. Diese erste Erweiterung ihres Blickfeldes muss größtenteils unbewusst geschehen sein und wurde ihr erst im Nachhinein allmählich klar. Und dann kamen sie hoch, die Gefühle, und zwar alle, schnell, ganz. »Die Wut auf ihn wurde beinahe unerträglich. Und auch die Angst, vor dieser maßlosen Wut übermannt zu werden.«

Zunächst, erzählt sie, konnte sie den Namen des Täters nicht aussprechen. »So wie der Gedanke hochkam, dass es auch anders hätte sein können, dass es gar nicht unvermeidlich war, dass meine Tochter umkommt, sondern dass der Täter eine Entscheidung getroffen hat, war es für mich unerträglich.«

Nach und nach wird die Tat zur Tat, Frau Mayer beginnt sich mit dem Ablauf auseinanderzusetzen. Wie er die Schule betrat. Acht Schülerinnen, einen Schüler und drei Lehrerinnen erschoss. Wie er auf der Flucht vor der Polizei, die wenige Minuten nach Tatbeginn anrückte, einen Passanten erschoss. Einen Autofahrer zwang, ihn mitzunehmen. Wie er im 30 Kilometer entfernten Wendlingen noch zwei Menschen erschoss und danach sich selbst. Und je mehr die Tat zur Tat wird, wird auch der Täter zum Täter.

Die ersten Monate, in denen Mayer begann, über den Täter nachzudenken, nennt sie »eine Zeit des Schwarz-Weiß-Denkens«: »Die brauchte ich, um meine Sicht wieder frei zu bekommen.« Es war, als habe ihr Bewusstsein einen Spalt aufgemacht und einen neuen Brocken Unbewältigtes herauf gelassen: Wenn es einen Täter gibt, dann muss es sich um ein Monster handeln.

Während wir sprechen und später, als ich die Aufnahme unseres Gesprächs abhöre, fällt mir etwas Spannendes auf: Gisela Mayer wechselt die Namen, die sie dem jungen Mann gibt, der ihre Tochter erschossen hat: Zunächst spricht sie vom »Täter«, und das ist sachlich-juristisch und moralisch zweifellos richtig. Gleichzeitig reduziert es ihn auf die eine Tat, die er nun mal begangen hat, und auch daran gibt es nichts auszusetzen. Und doch entspricht es der Schwarz-Weiß-Sicht, die sie in den ersten Monaten nach der Tat hat. Es macht den Sachverhalt klar. Aber es ist eindimensional. Darauf angesprochen, sagt sie: »Ich war noch nicht in der Lage, ihn zu erfassen. Es hat mich überhaupt nicht interessiert, was für ein Mensch er war. Erst nach drei Jahren habe ich es gewagt, überhaupt über den Jungen nachzudenken.«

Irgendwann ist aus »der Täter« offenbar »der Junge« geworden.

Der erste Schritt zum »Jungen« war der Prozess gegen dessen Vater. Der Sportschütze besaß 15 Schusswaffen, ganz legal. 14 davon befanden sich in einem Tresor, eine Pistole aber leicht zugänglich im Schlafzimmer. Hätte der Vater die Tatwaffe nach Vorschrift aufbewahrt und es seinem Sohn nicht allzu leicht gemacht, sie sich zu nehmen, wäre die Amoktat vielleicht nie passiert. Die Stuttgarter Staatsanwaltschaft warf dem Vater fahrlässige Tötung vor. Mayer hat den Prozess als Nebenklägerin verfolgt, hat zwei Tage lang die Aussagen des Vaters vor Gericht verfolgt. Sie erwartete keine Reue, sie wollte die Person erfassen, um damit ein Gefühl für den Täter zu bekommen.

Ohne die Leichtfertigkeit des Vaters wäre die Tat vielleicht nie geschehen. Dennoch sagt Mayer, sie interessiere sich nicht für die Schuld des Vaters. »An seiner Verurteilung liegt mir nichts, ich will dem entstandenen Leiden nicht noch mehr Leiden hinzufügen. Ich möchte auch keinen Schadensersatz, das ist keine Frage finanzieller

Ausgleiche. Ich will einfach noch besser verstehen.« Was sie interessiert, ist der Vater als Quelle über Tim. »Mit seiner Hilfe könnte ich mehr über den Jungen erfahren. Ich weiß ja nicht, ob ich richtig liege mit meiner Sicht auf ihn. Ich würde dann besser mit seiner Tat klarkommen. Wie wird man von einem neugierigen Kind zu einem Jungen, der sein Leben nicht mehr leben möchte? Darüber möchte ich mehr erfahren. Hatte er eine Chance, das Leben als schön kennenzulernen? Oder nur als ein fortwährendes Problem, das zu lösen er nicht in der Lage war?« Sie hat dem Vater geschrieben, aber der möchte nicht mit den Angehörigen sprechen. »Das tut mir weh«, sagt Mayer.

Immerhin erfährt sie im Gerichtssaal und durch die Presse mehr über Tim: »Ich habe begonnen, mich mit der Persönlichkeit des Jungen zu beschäftigen. Was war das für einer? Er bekam eine Gestalt, wurde vor meinem inneren Auge zum Menschen. Zum kleinen, hilflosen Jungen. Er hat etwas gemacht, was mir völlig fremd ist. Aber er hatte Gründe dafür.«

Der psychiatrische Gutachter geht davon aus, dass die Ego-Shooter-Spiele, die Tim gespielt hat, ihn geprägt haben. In einer psychiatrischen Klinik sei den Eltern geraten worden, ihr Sohn möge weniger gewalthaltige Filme und Spiele schauen beziehungsweise spielen. Und: Der Gutachter wirft »in seiner Expertise zu den Therapiesitzungen seinen Kollegen auch eine Fehleinschätzung bezüglich der geäußerten Gewaltfantasien vor«, steht in der Zeitung *Die Welt*. »Ein weitaus größeres Versagen laste er aber den Eltern an. Sie hätten die Gefährlichkeit ihres Sohnes zwar zur Kenntnis genommen, aber dennoch leichtfertig beiseitegeschoben.« Im Klartext: Wie dringend Tim Hilfe brauchte, das haben weder seine Eltern noch die Psychiater früh genug erkannt. Eine Bekannte Tims sagte, dieser habe ihr einen Brief gezeigt, den er an seine Eltern geschrieben hatte und in dem steht, dass er leide und nicht mehr weiter könne.

Tims ehemalige Nachhilfelehrerin hat angeblich von Mobbing-Attacken gegen den Täter berichtet. Aufgrund der erlittenen seelischen Verletzungen habe Tim den Glauben an sich selbst und an die Menschen verloren. Dazu kommen die Versagensängste: »Wenn die Lehrer ihn aufriefen, begann er zu zittern. In Internet-Chats klagte seine jüngere Schwester, dass Tim sich seit seinem 14. Lebensjahr verändert habe«, schreibt *Die Welt*. »Die Schulprobleme belasteten ihn. Zuletzt sei er wegen schlechter Noten in Tränen ausgebrochen. Ähnlich wie ihre Oma hielt die Schwester den Bruder für manisch depressiv.«

Nach und nach gesellt sich in Gisela Mayers Vorstellung neben den Täter-Tim ein anderer Tim. Nicht Tim, das Opfer – denn wer getötet hat und wer getötet wurde, ist und bleibt klar. Aber doch ein Tim, der dringend Hilfe gebraucht hätte. »Wie weit muss sich ein Mensch von seinem Menschsein entfernt haben, wie groß muss sein Hass auf die Welt sein, wie verkrüppelt sein Mitgefühl, um eine solche Tat begehen zu können? Hat er gewusst, was er tat? Wusste er, was es bedeutet, ein Leben auszulöschen?« Die Tat muss in einer Notsituation geschehen sein. »Tim durfte viele Dinge, die das Leben so wunderbar machen, nie kennenlernen. Die Freude am Leben, die Warmherzigkeit anderer Menschen. Er weiß eigentlich gar nicht, was er zerstört hat. Vielleicht konnte er auch nicht ertragen, zu sehen, dass es Menschen gibt, die das Leben lieben. Sein Leben muss kalt, hoffnungslos und traurig gewesen sein, sonst wäre er nicht auf den Gedanken gekommen, es zu zerstören.«

Während Gisela Mayer das erzählt, baut sich in mir ein Widerstand auf. Das geht so nicht! Mit voller Absicht 15 Menschen zu töten, das ist so pervers, so abgrundtief, so zutiefst inhuman – sie kann doch diese Tat nicht in Verständnis auflösen. Das ist zu leicht, das nehme ich ihr nicht ab. Mir fällt ein Satz ein, der der Schweizer Schriftstellerin Madame de Staël zugeschrieben wird: »Alles verstehen heißt alles verzeihen.« Klingt gut, ich widerspreche trotzdem. Entschieden. Mir leuchtet ja ein, dass man mehr über etwas erfahren muss, um es zu begreifen oder gar zu verstehen. Aber der Schritt von dort zum Verzeihen ist doch ein riesiger. Frau Mayer, lassen Sie uns über »das Böse« sprechen. War Tim böse?

»Der Junge muss unter einem fundamentalen Mangel in seinem Leben gelitten haben, ohne zu wissen, woran es ihm mangelte. Manche bringen das Gefühl dieses elementaren Defizits, aus dem dieses Verbrechen entsprungen sein muss, mit dem ›Bösen‹ in Verbindung«, sagt sie. »Aber das Böse gibt es nicht. Das Böse ist der Mangel. Und die Wut über diesen Mangel. Die Wut darüber, dass es etwas Schönes gibt, das er nicht kriegen konnte. Wenn

ich diesen Zusammenhang verstehe, ist das zwar Licht-
jahre von Vergeben entfernt. Wenn ich aber daran denke,
dass ihm verschlossen blieb, was das Leben herrlich
macht, dann habe ich Mitgefühl mit ihm, mit seiner trau-
rigen Existenz, die er schließlich weggeworfen hat. Ich
musste erst die Not dieses Menschen begreifen, um die
Tat zu begreifen.«

Ich bin verwirrt. Also noch einmal: Man muss begreifen. Das Begreifen aber ist hier nicht das Thema. Und wie
tut man nun den Schritt vom Begreifen zum Verzeihen?
Geht man ihn irgendwann automatisch, von der Schwelle
des Verstehens über die Schwelle zum Verzeihen? Kann
Frau Mayer umso besser verzeihen, je mehr sie versteht?
»Ja. Denn ich kann ihm nicht pauschal verzeihen, wenn
ich ihn nicht verstanden habe. Nur wenn ich ihn erst
Mensch werden lasse, kann ich ihm verzeihen.« Ist ihr das
gelungen? »Das ist mir eher nebenher passiert, als ich
begonnen habe, den Jungen zu begreifen.« Sie hat sich es
sich nicht vorgenommen, das Verzeihen. Weder war es ihr
Ziel, noch war es Mittel zum Zweck, um weiterleben zu
können. Eher war das Verzeihen ein Nebeneffekt des Verstehens. Funktioniert es also so: Wer sich mit dem Täter
auseinandersetzt, beginnt ihn zu verstehen, wer versteht,
kann sich einfühlen, und wer Mitgefühl spürt, kann nicht
mehr hassen. Echt jetzt? Ist Verzeihen das, was passiert,
wenn man jemandem nicht mehr böse ist – ist es so einfach? Dann wird das ja ein kurzes Buch.

Wie Sie sehen, ist das Buch doch länger geworden. Es
liegt daran, dass Gisela Mayer sehr viel mehr Fragen in

mir aufgeworfen als beantwortet hat, wie das so ist in guten Gesprächen. Ich glaube, dass das, was Gisela Mayer beschreibt, das ist, wie es für sie abgelaufen ist und was für sie funktioniert hat. Ganz sicher steckt darin auch eine Lehre für andere: Setzt euch auseinander, vergrabt euren Schmerz nicht, seht ihn euch an, durchlebt ihn und beobachtet euch dabei.

3

Warum? Warum? Warum?

Auf der Suche nach Menschen, die mir noch mehr übers Verzeihen zu erzählen haben, spreche ich mit einer Mediatorin des »Täter-Opfer-Ausgleichs vor Gericht«. Sie ist dafür ausgebildet, bei Streitigkeiten zu vermitteln, in die ein Richter oder ein Staatsanwalt eingeschaltet sind. Von der Mediatorin erhoffe ich mir, mehr über das Verhältnis zwischen sogenannten »Opfern« und »Tätern« zu erfahren. Sie berichtet mir von einem rätselhaften Fall: Eine Frau wurde von ihrem Ehemann vergewaltigt, der hat die Tat gestanden und sitzt in Untersuchungshaft. Beide würden gern einen Täter-Opfer-Ausgleich durchführen, aber der Staatsanwalt ist dagegen. Ich bitte die Mitarbeiterin, die Frau zu fragen, ob sie sich mit mir treffen möchte und ob sie sich vorstellen kann, dass ich über sie berichte. Wenige Tage später der Rückruf, die Frau ist bereit, mit mir zu reden. »Den Rest kann sie Ihnen dann ja selber erzählen«, sagt die Mitarbeiterin noch.

Ein paar Tage später mache ich mich auf den Weg zu ihr. Frühmorgens, denn sie hat mich gebeten, sie zu besuchen, während ihre beiden Kinder in der Schule sind. Es ist ein sehr seltsames Gefühl, im Zug zu sitzen auf dem Weg zu einem Menschen, von dem man fast nichts weiß, außer den möglicherweise intimsten Tiefpunkt des Lebens, einem Menschen, den man noch nie gesehen hat und dem man in wenigen Stunden Fragen stellen wird, die man kaum zu stellen wagt. Normalerweise bereite ich ein Gespräch detailliert vor – diesmal muss ich mich, weil ich fast nichts weiß, mit ein paar allgemeinen Fragen begnügen, der Rest soll sich weisen. Ich schreibe ein paar hilflose Fragen auf einen Zettel: Was ist ist passiert? Wie gehen Sie damit um? Was ist Ihr Mann für ein Mensch? Wie geht es den Kindern? Und schließlich: Können Sie Ihrem Mann vergeben – und was bedeutet das überhaupt?

Am Zielort angekommen durchstreife ich eine 80er-Jahre-Siedlung einer deutschen Großstadt. Einst liebevoll angelegt, inzwischen etwas in die Jahre gekommen. Hecken, Spielplätze, braun gekachelte Eingänge, Litfaß-säulen, ein Fahrrad- und ein Schreibwarenladen, ein Lebensmittelmarkt. Insgesamt so groß, um städtisch zu sein und so klein, dass die Leute auf der Straße einander in die Augen schauen und grüßen. Ich klingle. Mir öffnet eine Frau Mitte Dreißig. Ich nenne sie Jessica Kowalski, ihren richtigen Namen soll niemand erfahren, vor allem wegen ihrer beiden Kinder. Sie ist mittelgroß und schlank, ein Goldkreuz hängt um ihren Hals. Sie bittet mich herein. Im Gang hängen Fotos aus besseren Zeiten: sie, ihr Mann und ihre beiden Kinder vor dem Fotografen, herausgeputzt und ein klein wenig aufgekratzt ob des besonderen Anlasses.

Wir setzen uns an den Esszimmertisch. Ich will nicht mit der Tür ins Haus fallen, indem ich gleich auf Gewalt zu sprechen komme, aber Smalltalk fällt mir schwer. Doch Jessica Kowalski übernimmt: Wir plaudern über ihre Hobbys, Fußballspielen, Schießsport, sie lässt keine Beklemmung aufkommen. Sie erzählt von den Kindern, der Schule, der Stadt. Schließlich: »Frau Kowalski, Sie wissen ja, warum ich hier bin.« Sie holt tief Luft.

Sie war 15, er 17, als sie sich zum ersten Mal begegnet sind. Er war Schausteller damals, zog mit seinem Wohnwagen über die Dörfer und Städte. In der Jugenddisco tanzen sie miteinander. Eines nachts kommt sie nicht nach Hause, ihr Vater, fuchsteufelswild, ruft die Polizei, die durchsucht Keller und Dachboden. Sie aber liegt in seinen Armen, auf einer Matratze im Schlafwagen der Schausteller auf dem Rummel. Es ist ihr erstes Mal.

Dass die große Liebe nicht immer die ewige Liebe ist, lernt sie bald. Sie trennen sich. Ihr zweiter Anlauf beginnt ein paar Jahre später an einer Straßenbahnhaltestelle, wo sie sich über den Weg laufen. Aber es hält wieder nicht.

Dritter Anlauf: »Bist du raus aus der JVA?«, ruft sie, als er ihr im Park mit dem Rad begegnet. Von einem gemeinsamen Bekannten wusste sie schon, dass er in einen Laden eingebrochen, im Gefängnis gelandet und anschließend nach Polen abgeschoben worden war. Jetzt war er offenbar wieder in der Stadt. »Ach, und du hast ein Kind?«, fragt er zurück. »Irgendwie war das Vertrauen sofort wieder da«, sagt Jessica heute. »Als hätten wir uns erst gestern gesehen. Auch gefühlstechnisch und so.« Das klingt ein bisschen pauschal, denke ich und frage nach, was ihr an ihm gefallen hat. »Sein Selbstbewusstsein. Dass er sein Leben auf die Reihe gekriegt hat. Dachte ich damals halt. Und dass wir in der Jugend viel zusammen erlebt haben.« Jessica, ihr Sohn Tommy und Patryk ziehen zusammen. Jessica arbeitet halbtags, er, damals arbeitslos, bleibt daheim bei Tommy, dem er ein liebevoller Vater ist.

Zwei gute Jahre später heiraten sie, vier Wochen vor der Geburt ihres gemeinsamen Kindes Alisa. Es war wohl nicht immer leicht zu viert. Er, gelernter Gebäudereiniger, arbeitet mal in einem Materiallager, mal als Briefzusteller, mal als Schausteller. Oft ist er arbeitslos. Sie arbeitet in Teilzeit als Aufsicht in einer Spielhalle. »Aber wir kamen immer zurecht, die Kinder waren sauber, hatten zu essen und Kleidung. Geregeltes Leben. Wir waren eine ganz normale Familie«, sagt Jessica. Sie will da keine Missverständnisse aufkommen lassen.

Jessica kann kein Datum, kein Ereignis nennen, ab dem es schlechter geworden zwischen ihr und Patryk. Jedenfalls waren da die SMS, die Patryk und seine Ex sich schrieben und die Jessica, misstrauisch geworden, entdeckt hatte, als sie sich die Verbindungsnachweise auf den Handy-Rechnungen genauer ansah. Schließlich erfährt Jessica, dass die Ex auch mal in der Wohnung war und mit den Kindern spielte, als sie nicht zu Hause war. Sie streiten oft und ziemlich laut.

»Wir sind von Nachbarn angeschwärzt worden«, so erklärt sich Jessica die Tatsache, dass auf einmal das Jugendamt auf die Familie aufmerksam wird und sie schließlich vorübergehend in Obhut nimmt. Die Angst, ihre Kinder zu verlieren, muss für Jessica und Patryk markerschütternd gewesen sein. Sie reagieren mit Schweigen. »Das hat uns das Genick gebrochen«, erinnert sich Jessica. »Jeder hat sich ein Stück abgewendet, um mit dem Schmerz besser zurechtzukommen. So sind wir auseinandergedriftet.« Sie streiten noch nicht einmal mehr. Sie kommt kaum aus dem Bett, »Decke-über-den-Kopf-zieh-technisch.«

Nach drei Monaten kommen die Kinder wieder zurück. Irgendwann beginnt Patryk, handgreiflich zu werden, zuerst gegen Sachen. Einmal tritt er so fest mit der Faust gegen die Tür, dass diese splittert. Man sieht die Stelle noch heute: Jessica hat einen Furnieraufkleber darüber gemacht. Die Furniere sind unterschiedlich hell und unterschiedlich gemasert.

Eines Tages, Anlass nebensächlich, geht Patryk auf Jessica los. Er dreht ihr die Finger um, nicht im Affekt, sondern jeden einzeln, mit solcher Kraft, dass sie zu Boden geht. Noch Monate später fühlen ihre Finger sich deshalb manchmal pelzig an. »Hör auf«, sagt sie, »die Kinder sind da, tu das nicht vor den Kindern, lass es jetzt einfach. Geh. Oder lass mich jetzt gehen.« Jessica atmet tief und schnell, während sie das erzählt, sie fährt sich mit der Hand über Ellbogen, Oberarm, Schulterblätter, als müsse sie etwas abwischen. Haltlos wandern ihre Augen durch die Wohnung. Patryk stellt sich in die Tür, nimmt ihr den Schlüssel weg. Als sie die Polizei holen will, nimmt er ihr Handy und schleudert es gegen die Wand. Also holt Tommy die Polizei, Ergebnis: Patryk erhält ein vorübergehendes Kontaktverbot zu Jessica, Tommy und Alisa, damit die wieder zur Ruhe kommen.

Jessica macht eine kleine Pause im Erzählen, stockt kurz und sagt dann etwas, das ich nicht verstehe: »Den Kindern hat er nie etwas getan.« Als ob das nichts mit ihren Kindern machen würde, was sie mir eben erzählt hat. Es irritiert mich, wie sie einerseits präzise schildert, was Patryk getan hat, ihn andererseits aber immer wieder entlastet: Den Kindern war er ein guter Vater. Den Kindern hat er nichts getan. Zu den Kindern war er immer lieb. Nur manchmal habe er sie ausgefragt. Damals war er noch lieb. Die Gewalt gegen mich, das war nicht er, das waren die Drogen. Mir kommt es vor, als säßen mir zwei Jessicas gegenüber, die wenig von einander wissen. Die eine lässt Milde walten, die andere grenzt sich klar ab.

Diese andere Jessica macht Schluss mit Patryk, er soll ausziehen. Bis er eine neue Wohnung findet, schläft er im Wohnzimmer, sie im Schlafzimmer. Sie traut sich kaum raus aus ihrem Zimmer, solange er da ist. Sie fragt sich: »Wenn ich einen falschen Mucks mache, was passiert dann?«

Manchmal tut Patryk das alles so leid. Dann ist er ganz still und versteht, dass es so nicht weitergeht. Zu anderen Gelegenheiten ist er aggressiv. Dann wieder zerfließt er vor Selbstmitleid: Er, von Frau und Kindern verlassen, muss sich ganz allein durchs Leben schlagen. Es gibt nicht nur mehrere Jessicas, sondern auch mehrere Patryks. Fünf hat Jessica gezählt: der Normale, der Einsichtige, der Agressive, der Sich-selbst-Bemitleidende und der Egoistisch-Ignorierende. »Deshalb hab ich nie einen Mucks gemacht in der Zeit, weil ich nicht wusste, mit wem ich es gerade zu tun habe.«

Den Kindern sagt Patryk: Die Mama hat einen neuen, sie ist Schuld, dass ich weg muss. »Was nicht wahr war«, sagt Jessica. Ein paar Wochen später hat Patryk eine

Bleibe gefunden. Jessica will ihn nicht mehr in der Wohnung haben. Aber die beiden haben noch viel Trennungsbürokratie zu erledigen – das Jobcenter nimmt ihnen nicht ab, dass sie wirklich getrennt sind –, also lässt sie ihn eines vormittags, während die Kinder in der Schule sind, in die Wohnung, trotz eines richterlichen Kontaktverbots. Sie glaubt, es an jenem Tag mit dem Normalen zu tun zu haben. Er will, dass sie es noch einmal miteinander versuchen, redet von Neustart. Jessica: »Wenn du so anfängst, kannst du gleich wieder gehen. Die Trennung bleibt.« Weil er nicht damit aufhört, fordert sie ihn auf, zu gehen, sofort. Doch er bleibt. Sie versucht ihn – ein Meter achtzig groß, um die 110 Kilo schwer – mit ihren 1,63 Metern und 75 Kilo Richtung Eingangstür zu schieben, boxt mit ihren Fäusten auf seine Schulter ein. »Dann hat's bei ihm Klack gemacht und er ist über mich hergefallen.«

Ich bin nicht sicher, ob ich die Sätze, seine Sätze, die Jessica mir berichtet, hier aufschreiben sollte. Befriedigen sie schlichte Neugier, meine Neugier, Leserneugier? Ist es voyeuristisch, explizit in eine Vergewaltigung hineinzuzoomen? Und wenn die Antwort darauf nicht rundweg »nein« lautet: Wodurch ist dies gerechtfertigt? Wo bleiben Pietät, Anstand, Distanz zum Geschehen? Weiß nicht jeder, wie schlimm das ist, und falls nicht: Hilft dann das Schildern der Details?

Ich glaube, dass eindeutige Antworten auf solche Fragen ein Hinweis darauf sind, dass die Frage nicht ganz verstanden worden ist, und deshalb gebe ich auch keine. Ich lasse den Vorwurf stehen, dass es niemanden etwas angeht, was ich gleich schreiben werde. Aber ich erlaube mir den Hinweis, dass Jessica mir ihre Geschichte freiwillig erzählt hat und dass sie weiß, dass ich sie aufschreibe. Und noch ein Hinweis: Ich glaube, das Erzählen des Drastischen ist dort gerechtfertigt, wo das schamhafte Verschweigen desselben einer Verharmlosung nahe kommt. Nur wer hineintaucht in das, was passiert ist, kann ermessen, wie elementar die Frage nach Vergebung, die dieses Buch stellt, das Verhältnis des Menschen zu seiner Welt infrage stellt. Erst wer die Tat begreift, und zwar nicht nur intellektuell, sondern auch emotional und empathisch, kann begreifen, wie weit der Weg eines Menschen ist, der schließlich im Verzeihen mündet – oder auch nicht. Anders gesagt: Wer über Vergebung nachdenken will, muss sich schon exponieren. Er muss begreifen, was da genau vergeben werden soll.

Und da ist noch etwas. Eine Erfahrung, die ich schon öfter gemacht habe, wenn ich mit Menschen spreche, denen Schlimmes widerfahren ist: Wenn sie sich dazu entschließen zu reden, dann richtig, ohne Vorbehalte. Damit klar ist, wie krass das Krasse ist, damit keine Missverständnisse aufkommen. Auch im Gespräch mit Jessica scheint es so zu sein. Ich merke es daran, dass ich Jessica nicht viel fragen muss, dass sie einfach erzählt.

»Dir zeig ichs. Ich bin und bleib dein Mann. Nur weil du meinst, du musst dich trennen, muss ich das nicht akzeptieren.« – »Hör auf.« – Er bringt sie zu Boden, sie windet sich, »er fand doch immer einen Griff, um mich nicht hochkommen zu lassen.« Er zieht ihr die Hose herunter. Er versucht sie mit seinem Penis zu vergewaltigen. Es gelingt ihm nicht. Er penetriert sie mit seinen Fingern. Er will ihr den Mund öffnen, damit sie ihn oral befriedige, sie wehrt sich erfolgreich. Wie lange es dauert, weiß sie nicht mehr. Irgendwann hört es auf. Er lässt von ihr ab, zieht seine Hose hoch und sagt: »Da schau, wegen dir Schlampe krieg ich nicht mal mehr einen hoch, so eine dreckige Hure bist du.« Er wirft ihr eine Bürste hin, »tu dich erst mal wieder herrichten, so wie du ausschaust, ist ja klar, dass dich keiner will.« Und geht.

Jessica, aufgelöst, unter Schock und vielleicht gerade deshalb bei klaren Gedanken, denkt an die Kinder und dass die sie nicht in diesem Zustand sehen sollen. Dass sie gleich erkennen würden, dass ihre Mutter geweint hat, und fragen würden, was passiert ist, und dass ihr darauf keine gute, keine kindgerechte Antwort einfallen würde, keine für eine Achtjährige und einen Zwölfjährigen, weil nämlich keine solche beschissene Antwort existiert. Also ruft sie ein befreundetes Paar an: »Der Patryk ist über mich hergefallen.« Die beiden kommen sofort. Jessica bricht in Saras Armen zusammen. Dominik ruft die Polizei an. Ob Jessica dazu ihr Einverständnis gegeben hat, weiß sie nicht mehr, aber sie weiß heute: Es war die richtige Entscheidung. Zwei Polizisten kommen. Sie raten Jessica zur Anzeige. Die fragt sich: »Was kommt als Nächstes, wenn ich ihn nicht anzeige?« Und kommt mit aufs Revier.

Sara und Dominik kümmern sich um die Kinder, Jessica sagt aus, bis ins Detail, zwei Mal, zuerst vor der Polizei, dann vor der Ermittlungsrichterin. Sieben Stunden dauert das. »Für mich war es, als habe ich die Tat drei Mal durchmachen müssen, an einem einzigen Tag.« Nur einer ärztlichen Untersuchung verweigert sie sich.

Mittags passt Patryk die Kinder auf dem Schulweg ab. Dominik beobachtet ihn dabei, um sicher zu stellen, dass er sie nicht mitnimmt, greift aber nicht ein. Patryk sagt ihnen: »Papa hat mit der Mama was ganz Schlimmes gemacht, er muss jetzt weg, aber er bleibt euer Papa.« Das erzählen Alisa und Tommy ihrer Mutter Tage später. Drei Tage lang taucht er unter, dann weist er sich in eine psychiatrische Klinik ein. Sagt, dass er Drogen nehme und dass er etwas Schlimmes getan habe. Und schreibt Jessica, dass er in der Klinik sei. Sie fährt hin, um sicherzugehen, dass das stimmt. Er steht unter Medikamenten, wirkt sediert. Er entschuldigt sich. »Das warst nicht du«, sagt Jessica. Und dass er bloß nicht glauben solle, dass sie seine Entschuldigung damit angenommen habe.

Jessica hat den Kontakt zu Patryk nie abgebrochen. »Aber nicht, weil ich ihn noch liebe. Ich könnte kotzen, wenn ich ihn sehe!« Was sie sieht, wenn sie ihn in der Untersuchungshaft besucht: einen dicken Mann hinter einer Plexiglasscheibe mit nach hinten gegelten Haaren. Manchmal ertappt sie sich bei einem Gedanken, auf den sie nicht stolz ist: dass es leichter ist, die Tat zu verarbeiten, wenn sie sieht, was für einen Eindruck er macht. Wenn sie sich klar macht, dass sie die Wohnung putzt, die Kinder versorgt, dass sie in Freiheit ist, ein Auto fährt, während er hier drin sitzt und versauert. Sie berichtet ihm gerne von den Freuden des Alltags, vom neuen Miniskateboard für Alisa, von ihrer Schulaufführung in der neuen Schule im Beisein des Bürgermeisters, von Tommys Schießturnier und von sich, die den Laden schmeißt. Weil es so grotesk, so herrlich offensichtlich ist, dass es nicht stimmt, was er ihr mal gesagt hat: »Ohne mich bist du nichts.«

Wenn sich die beiden sehen, ist immer eine Justizbeamtin oder Polizistin in Hörweite. Sie achtet darauf, dass sie nicht über die Tat sprechen, bevor der Prozess begonnen hat – Patryk könnte versuchen, Druck auf Jessica auszuüben oder deren Aussage anderweitig zu verändern. Wenn das Gespräch die Tat streift, räuspert die Beamtin sich, und die beiden wissen Bescheid und steuern zurück auf Wetter, Kinder, Knast.

Sie schreiben sich Briefe. Jessica zeigt sie mir. Dass sie ihre Stärke ausspielt, geht aus folgender Passage hervor, die er ihr schreibt: »Du sagst, dass es traurig ist, weil die Kinder immer weniger nach mir fragen. Da stimme ich dir zu und zugleich ist es auch sehr verletzend, dies zu ertragen, doch bin ich auch zum Teil selber schuld, wie Du auch sagst.« Was, frage ich mich, bewegt Jessica, ihrem Mann zu sagen, dass sich die Kinder kaum mehr nach ihm erkundigen? Frei von Rachegefühlen scheint sie nicht zu sein – gleichzeitig, so denke ich mir, wäre es unmenschlich und zu viel von ihr verlangt. Ob Patryk büßen soll? »Das macht er jetzt schon in der Untersuchungshaft.« Nach einem halben Jahr gab es eine richterliche Anhörung mit dem Ergebnis, dass Patryk bis zum Prozess weiter in Haft bleiben solle, wegen Verdunkelungsgefahr.

»Ich finde das ganz gut«, sagt Jessica. »Am Tag der Haftprüfung hatte ich Angst, dass er hinter jeder Ecke auftau-
chen könnte.« Auf der Straße habe sie sich alle paar Meter
umgedreht, man kann ja nie wissen.

Die Briefe sind von einem Mann, der schwankt zwischen Einsicht, Scham, Reue, Selbstbehauptung, Trotz,
Verzweiflung. Und einer Extraportion Selbstmitleid.
»Hatte Dir bis dato schon drei Briefe geschrieben mit der
Bitte, mir eventuell Geld zu überweisen, falls es Dir möglich ist, wären 50 Euro super, denn dann könnte ich den
Fernseher weiterhin haben und hätte 30 Euro knapp noch
zum Einkauf.« Habe ich richtig gehört? Er vergewaltigt
sie und fordert aus der U-Haft Geld, damit er fernsehen
kann? Später schreibt er, schärfer im Ton: »Was mir noch
die Birne zerreißt, ist das Unwissen, ob ich nun Geld hab
oder nicht. Wenn jetzt dann noch der Tabak ausgeht und
eventuell noch der Fernseher wegkommt, weil kein Geld
da ist, wird es mich total innerlich zerreißen.«

Patryk scheint sehr selbstbezogen zu sein – für die Tat
entschuldigt er sich mit stereotypen Wendungen, ansonsten aber ist er mit sich und seiner Befindlichkeit beschäftigt. Er klagt über Fieber, Halsschmerzen, seine Gelenke
fühlen sich an »wie verrostet«. »Jeden Abend sitze ich da
und heule mir die Seele aus dem Leib, bereue alles, würde
es am liebsten (ungeschehen machen), aber es geht nicht
und deshalb hasse ich mich selbst immer mehr … Mein
Hirn macht nicht mehr mit, fühle mich immer leerer,
ohne Sinn für etwas. Mir werden meine letzten Hoffnun-
gen zerstört. Ich sterbe in mir selbst immer mehr.«

Eines aber geht aus den Briefen recht klar hervor, so heftig er auch schwankt: Dass er sich mit sich und seinem Tun auseinandersetzt. »Ich teile dir auch mit, dass der Kampf in mir noch existiert, aber nicht um die Trennung oder uns, im Gegenteil, allein mit mir selbst, dieses nüchtern mit mir auszukommen, die Gedanken und Wege, die in mir toben, das macht es nicht leicht ohne Rückzug zu den Drogen, aber es geht seinen Weg.«

Er berichtet von Angstzuständen, wenn er daran denkt, länger eingesperrt zu bleiben, erzählt, wie sehr er die Kinder vermisst und dass er betet, dass die Verhandlung bald stattfinden möge. »Sitze jetzt auf der Einzelzelle ohne TV und ohne Radio. Und somit fängt wieder dieses ständige Geratter im Kopf an.« Um die Zeit zu füllen, singt er im Kirchenchor den Bass, besucht die Bibelgruppe, baut ein 1000-Teile-Puzzle und hat einen Antrag geschrieben, um Arbeit aufnehmen zu können, hilft Mitinsassen, die nicht deutsch sprechen, mit dem Übersetzen von Formularen. »Es soll sich endlich was tun, damit diese Zeit hier bald vorbei ist und ich die Hilfe bekomme, die ich brauche und auch wir endlich das Geschehene verarbeiten können zusammen ...«

Patryk schreibt »wir« und er schreibt »zusammen«, und ich frage mich, wen er damit meint: Sie beide als Paar? Hat er denn noch immer nicht verstanden, dass sie sich endgültig von ihm getrennt hat? Schlimmer noch: dass die Tatsache, dass er diese Trennung nicht akzeptiert hat, schlussendlich der Auslöser für die Vergewaltigung war?

Dass Patryk seiner Ehe endgültig zerstört hat, als er seine Frau vergewaltigte, das scheint für ihn zumindest anfangs keineswegs klar gewesen zu sein. Er schreibt: »Klar kann es an dem Entzug liegen, wieso ich es tat, aber auch an den psychischen Qualen und der verfluchten Depression, die ich erleide, seitdem Du unsere Beziehung, Ehe und Familie beendet und somit zerstört hast.« Ich lese die Stelle zwei Mal: Wirklich, sie hat die Ehe zerstört? Ein Teil von Patryk hat verstanden, dass die Trennung endgültig ist. Ein anderer Teil schlägt eine Eheberatung vor. »Es wird noch Zeit brauchen, bis ich wieder der Mann bin, den Du geheiratet hast und vermisst, aber ich bin auf dem Weg dahin.« Ich bin ratlos.

Patryk sehnt sich zurück zu ihrer alten Beziehung. Er scheint heillos einsam zu sein ohne seine Frau. »Genau so liegt mir etwas auf dem Herzen, was mich so belastet, dass ich es Dir noch schreiben muss. Seit einem Monat und einer Woche und einem Tag liegt mir dieser Wunsch auf dem Herzen! Darf ich Dir nachträglich alles Liebe, meine ganze Treue und mein Herz geben zum achten Hochzeitstag. Es schmerzte mich schon die ganze Zeit. Bitte verzeihe es mir, wenn es für Dich vollkommen unrealistisch ist, doch mein Herz schrie einfach danach, Dir dies zu übermitteln. Brauchst nicht darauf zu antworten, dann wüsste ich schon, ob es angebracht war oder nicht. Insgeheim wünschte ich mir, dass es Dich erfreut, aber das ist nur mein Gedanke.«

Es zieht sich eine seltsame Ambivalenz durch die Briefe: Einerseits scheint Patryk verstanden zu haben, dass seine Beziehung zu Jessica gescheitert ist, andererseits unternimmt er immer wieder kleinlaute Anläufe, zaghafte Sondierungen, um herauszufinden, ob da nicht doch noch so etwas wie Verhandlungsspielraum zwischen den Eheleuten ist, ein Gefühl, an das man appellieren könnte. Ähnlich ambivalent bewertet er die Tat: Ja, unentschuldbar erscheint sie ihm – aber schließlich seien es auch die Drogen, die ihn erst dazu gebracht hätten. Als gäbe es nicht einen Täter, sondern mehrere.

Besonders deutlich wird das mit dem Satz »Das warst nicht du« – dieser Satz Jessicas muss tiefen Eindruck bei Patryk hinterlassen haben. In immer neuen Variationen bringt er ihn vor, auch in Briefen. Ich halte diesen Satz für gefährlich, weil er geeignet ist, Patryk aus der Verantwortung zu entlassen: Wenn nicht er die Tat begangen hat, wer war es dann? Sein Drogen-Selbst? Zweifellos wirken Drogen enthemmend, aber wer hat ihn gezwungen, Drogen zu nehmen? Und: Eine Vergewaltigung erfordert Entschlossenheit. Der schlichte Affekt genügt vielleicht, um eine Frau zu Boden zu bringen, aber nicht, um die Kleidung wegzureißen und sie zu vergewaltigen. Ich glaube, man muss eine solche Tat bereits mehrmals erwogen und in der Fantasie durchgespielt haben, bevor man sie tatsächlich umsetzt.

Auch Jessica, so eindeutig sie »Nein« zur Beziehung mit Patryk sagt, bleibt irgendwie zweideutig, wenn sie von ihm und seiner Tat spricht. Während unseres gesamten Gesprächs ändert sie die Namen, mit denen sie Patryk nennt: »der das gemacht hat«, »mein Mann«, »mein Ex-

Mann«, »der Herr Kowalski«, »der Patryk«. Auch für das, was er getan hat, scheint sie noch keine klare Benennung gefunden zu haben: »das«, »die Tat«, »das, um das es geht«. Er habe sie »überfallen«, »überwältigt«. Das Wort »Vergewaltigung« wählt sie erst, nachdem ich es gesagt habe. Es ist mir herausgerutscht. Eigentlich ist es meine Angewohnheit, die Dinge mit dem Wort zu benennen, für das sich meine Gesprächspartner entschieden haben. Schließlich ist es ihre Version, die mich interessiert, schließlich will ich ihre Definition wissen, ihre Deutung dessen, was geschehen ist. Jessica soll entscheiden, ob das Wort »Vergewaltigung« zu drastisch klingt oder eben deshalb genau richtig, ob sie sich selbst »Opfer« nennen will (ein Wort, das sie kein einziges Mal wählt), weil sie sich nun mal als Opfer fühlt, oder ob sie den Begriff entwürdigend findet. Vielleicht ist mir das Wort »Vergewaltigung« herausgerutscht, weil ich ein Bedürfnis nach Eindeutigkeit habe, nach der klaren Benennung dessen, was passiert ist.

Patryk sagt, er könne sich nur an Bruchstücke der Tat erinnern. »Es tut mir leid, was passiert ist und ich versuche, aus dem, was Du mir erzählt und geschrieben hast, meine Lücken zu füllen, doch schaffe ich es nicht, irgendeinen Zusammenhang zu finden … Es tut mir echt leid, ich bereue etwas und leide den Schmerz an etwas, wo ich mich nicht erinnern kann! Wie kann das sein? Warum?«

Wie aber soll es Vergebung, Verzeihen geben, wenn nicht klar ist, wofür? Kann man, kann Frau Kowalski jemandem vergeben, der sich und sein Tun selbst nicht versteht und der ihr damit vielleicht gar keine Chance lässt zu verstehen?

Jessica will, dass die beiden gemeinsam eine Therapie machen. Sie sollen gemeinsam verstehen, was überhaupt passiert ist. Doch während die gerichtliche Auseinandersetzung noch offen ist, dürfen die beiden nicht über die Tat sprechen. Patryk könnte versuchen, seine Frau einzuschüchtern. Jessica muss so lange warten. Was in dieser Zeit mit ihr passiert, das hat sie selbst erstaunt. Sie wird es später erzählen.

Dass ihn seine Erinnerung verlässt – oder ist das nur eine Schutzbehauptung? – hat schwerwiegende Folgen für Jessica und Patryk. Es ist nämlich so: Jessica hat sich an die Mitarbeiter des sogenannten »Täter-Opfer-Ausgleichs vor Gericht« gewandt. Zwischen Tätern und Opfern soll ein außergerichtlicher Ausgleich verhandelt werden, und zwar auf Wunsch des Opfers. Die Mediatorin führt dabei mit beiden, getrennt von einander, Gespräche. In diesen sondiert sie, wie die Chancen stehen: Ist das Opfer bereit, sich auf eine außergerichtliche Einigung einzulassen? Wenn ja, gibt es etwas, was sie sich als Wiedergutmachung wünscht? Was sagt Jessica dazu? Ist der Täter bereit, seine Tat einzuräumen, bereut er sie glaubhaft, würde er sich entschuldigen? Wenn dem so ist, setzen die drei sich zusammen. Jeder erzählt seine Version des Geschehenen. Jeder hat Gelegenheit, auf die Version des anderen zu reagieren. Verständnis zu entwickeln. Um Verzeihung zu bitten. Zu verzeihen. Vielleicht sogar, sich zu versöhnen und gemeinsam weiterzumachen. Im Idealfall gehen beide heiler aus der Mediation hervor. Geheilter auch, als ein Richterspruch das schaffen würde, der ja nicht auf Basis einer gemeinsam gewonnenen Sichtweise zustande kommt, sondern gewissermaßen von oben, nach Rekonstruktion des Tatverlaufs und der Umstände und nach Abwägung aller Argumente. Dem Richter geht es weniger um die Einigung der Beteiligten, als um um den objektiven Hergang, weniger um Heilung, als um die rechtliche »Würdigung« der Tat. Um eines aber geht es sowohl vor Gericht als auch beim Täter-Opfer-Ausgleich: um Schuld und Sühne.

Der Ausgleich funktioniert dann so: Ein Staatsanwalt beziehungsweise Richter kann einen Fall an einen »Mediator in Strafsachen« verweisen. Er hört sich zunächst beide Seiten getrennt voneinander an und versucht zu erkunden, wie die Chancen auf eine Einigung stehen: Inwieweit sind sich beide bereits über den Sachverhalt einig? Sind sie willens und in der Lage, miteinander ins Gespräch zu treten? Welche Bedürfnisse hat das »Opfer«, welche Ideen und Bedürfnisse hat es, um das Geschehene aufzuarbeiten? Und welche Ideen hat der »Täter«? Wenn schließlich beide einverstanden sind, kommt es zu einem Treffen, in dem erörtert wird, was vorgefallen ist und wie eine mögliche Wiedergutmachung aussehen könnte. Die Mitarbeiterin schreibt anschließend einen Bericht, auf dessen Basis das Gericht darauf verzichten kann, den Sachverhalt weiter zu verfolgen. Das Ergebnis sieht dann im Idealfall so aus: Beide einigen sich, das Gericht ist damit einverstanden, der Rechtsfrieden ist wieder hergestellt, es bedarf keiner richterlichen Klärung.

Ob es diesen Idealfall überhaupt gibt, sei einmal dahingestellt. Auf keinen Fall gibt es ihn im Fall von Jessica und Patryk Kowalski. Ein Grund ist die Schwere der Tat, ein zweiter die Tatsache, dass Patryk den Justizbehörden kein Unbekannter ist – er hat eine lange Liste an Vorstrafen, die ihn mehrmals hinter Gitter gebracht hat. Die Vergewaltigung seiner Frau ist dabei die mit Abstand schwerste Straftat. Die höchste Hürde für den Ausgleich aber ist, dass der Täter geständig ist. Das wiederum setzt voraus, dass er sich an die Tat erinnert. Nun ist Patryk ein Täter, der seiner Frau glaubt, wenn sie behauptet, er habe sie vergewaltigt – der sich selbst aber nicht an die Tat erinnern kann. Ob das glaubhaft ist oder nicht, ist dabei nicht entscheidend; für die Staatsanwaltschaft ist das Geständnis nicht umfassend, der Täter-Opfer-Ausgleich wird nicht gewährt.

Und ich, glaube ich Patryk eigentlich, dass er sich an nichts erinnern kann? Ein Sachverständiger hat beim Strafprozess große Zweifel angemeldet, dass die Drogendosis so erheblich gewesen sei, dass ein völliger Blackout vorliegt. Andererseits: Welches Motiv hätte Patryk, einen Blackout nur vorzutäuschen? Er verwehrt ihm ja den Täter-Opfer-Ausgleich und damit eventuell die Möglichkeit, ohne Haftstrafe davon zu kommen. Auch würde ein Täter, der keine Erinnerungslücke geltend macht, vor Gericht möglicherweise glaubhafter seine Reue bekunden können. Ich meine, dass es eigentlich in Patryks Eigeninteresse liegt, keinen Blackout vorzuschützen. Das wiederum spricht dafür, dass er diesen nicht vorschützt, sondern dass er echt ist. Als ich ihn Monate später in Haft besuche, bleibt er dabei, sich an nichts erinnern zu können – spätestens zu dem Zeitpunkt hat er allerdings keinen Grund mehr, diese Version aufrecht zu erhalten, wenn sie denn stimmt. Meine Annahme also: Blackout stimmt.

Und Jessica? Ist sich nicht sicher, und diese Ungewissheit quält sie, jedenfalls bei unserem ersten Treffen. Nachts, als die Kinder schliefen, hat sie die Worte »Blackout Straftat Gehirn« gegoogelt und sich eingelesen. Sie hält es für wahrscheinlich, dass sein Gehirn, um sich nicht zu überfordern, in der Tat einen sogenannten Blackout gehabt hat.

Einige Wochen lang kommt sie nicht mehr zu Besuch. Zur Begründung schreibt sie ihm: »Ich muss Dir mitteilen, dass, wenn nichts Wichtiges ansteht, ich dich einfach nicht besuchen kann. Es geht mir danach einfach nicht gut. Es geht so weit, dass ich nachts nicht mal schlafen kann, weil meine Gedanken einzig um das WARUM sich drehen. WARUM hast Du mir das angetan? WARUM hast Du Dich so verändert? Warum hast Du nicht einfach den Schlussstrich akzeptieren können? WARUM? WARUM? WARUM?«

Einige Wochen nach meinem Besuch bei Jessica findet in einem respekteinflößenden wilhelminischen Gebäude der Prozess gegen Patryk statt. Jessica ist blass und nervös. Durchgeschwitzt, dabei ist es erst neun Uhr morgens. Zwei Familienhelfer begleiten sie, dazu zwei Freundinnen und ein Freund. Auf die Frage, wovor sie sich am meisten fürchte, sagt sie: »Am meisten macht mir das Urteil Angst. Wenn es auf eine Haftstrafe hinausläuft, was bedeutet das dann für die Kinder? Eigentlich sind die ja das eigentliche Opfer – nicht ich.« Diesen Satz wird sie später so ähnlich auch dem Richter sagen.

Der Staatsanwalt verliest die Anklageschrift. Er betont dabei die besondere Erniedrigung Jessicas. Dann wird Patryk in den Zeugenstand geholt. Er nickt grüßend auf die Besucherbank. Er sagt aus, dass er einen Blackout hatte. »Ich kann mich an fast nichts erinnern, es sind nur noch Bruchstücke. Ich weiß, dass ich sie festgehalten und geschlagen habe. Ich weiß, dass wir irgendwann im Schlafzimmer gelandet sind. Ich kann mich nur an das kurz vorher und das kurz danach erinnern. Aber ich gebe die Tat zu.« – Richter: »Es ist aber schwer, etwas zuzugeben, woran man sich nicht erinnert.« Patryk: »Ja, aber ich habe keinen Zweifel an der Aussage meiner Frau.« An eins erinnert er sich noch, an eine Regung in ihm: »Dann ist es auf einmal in mir hochgekommen: der Tod meines Vaters, der Tod meiner Schwester, die Trennung.« Er erinnert sich, wütend geworden zu sein darüber, dass seine Frau ihn aus der Wohnung habe schieben wollen und auf ihn eingeschlagen habe. »Ich hab sie dann gepackt.« Dann: keine Erinnerung. Sie setzt in dem Moment wieder ein, als er sich vom Hausarzt in die Psychiatrie hat einweisen lassen. »Ich habe gewusst, dass ich Mist gebaut habe.« In zweiter Instanz wird Patryk schließlich zu zweieinhalb Jahren Haft verurteilt.

Etwa anderthalb Jahre sind vergangen, seit Jessica Kowalski und ich uns kennengelernt haben. Hat sie ihm in der Zeit verziehen? »Vielleicht irgendwann mal, aber vergessen werd ichs nie«, erzählt sie mir am Telefon. »Eigentlich ist es nicht verzeihbar in dem Sinn. Man akzeptiert halt einfach, dass es passiert ist.« Anfangs sei es ganz wichtig gewesen, die Tat gemeinsam aufzuarbeiten. Der noch offene Prozess, die Trennscheibe während der Besuchszeiten, die gemeinsamen Haftbesuche mit den Kindern, der stressige Alltag – es gab viele Gründe, warum es nicht dazu gekommen ist. »Jetzt ist es mir scheißegal. Bei mir geht's bergauf, jobtechnisch, ich mache jetzt den LKW-Führerschein. Mein Leben hier draußen geht weiter.« Sie habe gemerkt, dass ihr Leben auch ohne Aufarbeitung funktioniert. »Vielleicht ist das Verdrängung, vielleicht hab ichs abgehakt, keine Ahnung. Aber mein Leben geht ohne Patryk weiter. Es ist ein schweres und manchmal kompliziertes Leben, aber es geht.« Ob Patryk sich wirklich nicht mehr erinnern kann, diese Frage kann sie mittlerweile offenlassen. Mehr Gewissheit bekommt sie nicht. »Dazu müsste ich ihm vertrauen, dass er mir die Wahrheit sagt, und dieses Vertrauen habe ich nicht und will es auch nicht haben.« Sie überlegt. »Es ist mir wurscht, was in seinem Gehirn vorgeht. Ich bin nicht mehr verantwortlich.«

Jessica Kowalski ist keine Heilige, und sie tut auch nicht so. Sie stilisiert sich nicht zu einer Mutter Courage: Sie, das unschuldige Opfer sexueller Gewalt, opfert sich auf, tritt dafür ein, dass der Vergewaltiger nicht länger ins

Gefängnis muss, als das Strafrecht zwingend vorsieht, und das alles aus reiner Selbstlosigkeit, aus der Größe ihres Herzens heraus? Nicht ihr Ding. Sie hält den Kontakt zu ihrem Mann nicht aufrecht, um Karmapunkte zu sammeln. Sondern weil sie ihn braucht, um ihre Kinder großzuziehen – gesunder Egoismus. Und vor allem, weil die Kinder ihn brauchen – gesunder Altruismus. Insgesamt gesunder Pragmatismus, würde ich sagen. Auch wenn offen bleibt, wie gut Patryk seinen Kindern tut.

Jessica Kowalski hilft mir, mich dem Thema Vergebung im Irdischen zu nähern, im praktischen Leben, im Diesseits mit all seinen Abwägungen, Unwägbarkeiten, Ambivalenzen und Kompromissen. Verzeihen passiert im Hier und Jetzt, nach und nach, in voller Fahrt, nicht im luftleeren Raum. »Verzeihen«, das ist kein Zustand und kein Häkchen, das man hinter ein Problem setzt, sondern etwas, was sich ständig, in Schüben, widersprüchlich, in unendlich vielen Abstufungen vollzieht. Verzeihen ist verzwickt, es ist eine zutiefst gschlamperte Angelegenheit – irgendwie beruhigt mich das. Weil ich nämlich die Frage, ob Jessica Kowalski nun verziehen hat oder nicht, nicht beantworten muss.

4

»Ein Auto oder ein Haus kann man reparieren oder neu bauen, aber keinen Menschen«

Und dann lerne ich doch noch einen Heiligen kennen. Jedenfalls halte ich ihn spontan für einen, als ich ihn in einem Dokumentarfilm sehe, »Das Herz von Jenin« heißt der, die Regisseure sind Marcus Vetter und Lior Geller. Oje, denke ich: Vergeben ist noch viel verzwickter, als ich für möglich gehalten hätte.

Ismael Khatib hat fünf Kinder, darunter seinen Sohn Ahmed. Die Familie wohnt in der palästinensischen Stadt Jenin im Norden des Westjordanlands. Schätzungsweise 50.000 Menschen leben hier, viele von ihnen sind Flüchtlinge. Der Ort ist alt, besiedelt seit mindestens 4000 Jahren.

Eines Tages ziehen israelische Soldaten durch die Straßen, sie sind angeblich auf der Suche nach einem Widerstandskämpfer. Normalerweise geschieht das nachts, wenn die Stadt schläft. »Um der Armee ein steriles Umfeld zu gewährleisten«, wie ein Israeli im Film erklärt. Nicht so an diesem Tag: Die Soldaten kommen vormittags, als das Leben in Jenin seinen gewohnten Gang geht.

Ahmed hat sich gerade aufgemacht, um eine Krawatte für sich zu kaufen, aber auf dem Weg trifft er Freunde, sie spielen zusammen, »Palästinenser gegen Besatzer«, so heißt das Spiel. Ahmed, zwölf Jahre alt, hält angeblich ein Spielzeug-Gewehr in Händen, als ein israelischer Soldat auf ihn schießt. Ein Schuss ins Bein, ein Schuss in den Kopf. Ahmed geht zu Boden. Er wird auf die Intensiv-Station gebracht. 48 Stunden lang ist er dort. Schwere Verletzungen in Kopf und Brust. Sein Herz schlägt noch. Ein

Krankenpfleger des Krankenhauses in Haifa erinnert sich im Film: »Ich näherte mich Ismael, der schweigend an seinem Bett stand. ›Können wir uns setzen?‹, fragte ich. Ich wollte, dass er versteht, dass sein Sohn Ahmed tot ist.« Dann sagt der Pfleger zu Ismael: »Während Sie hier am Bett ihres Sohnes sitzen, dem wir leider nicht mehr helfen können, liegen Kinder in anderen Krankenhäusern, die sich ebenfalls in einem kritischen Zustand befinden.« Nach jedem Satz gibt der Krankenpfleger dem Vater Zeit nachzudenken. Sie schweigen. Dann fährt der Krankenpfleger fort: »Doch die Situation dieser Kinder ist eine andere. Sie können gerettet werden. Das Leben dieser Kinder hängt von Ihnen ab. Wenn Sie sich entscheiden, diesen Kindern die Organe Ihres Sohnes zu spenden, geben Sie ihnen das Leben zurück.«

Ismael Khatib weint. Der Krankenpfleger schlägt vor, dass Khatib seine Frau anrufe. Das tut er. Ein paar Minuten später bringt er die Nachricht: Sie ist einverstanden. Er fragt den Pfleger: »Und das Herz? Soll das auch gespendet werden?« »Das hängt von Ihnen ab. Wenn Sie sich entscheiden, das Herz zu spenden, und man findet einen passenden Empfänger, könnte man das Herz transplantieren. Wenn Sie das nicht wollen, ist das kein Problem.«

In all seinem Schmerz reagiert der Vater bemerkenswert rational. Bevor er sein Einverständnis zur Transplantation gibt, will er noch Rat und Erlaubnis einholen. Er wendet sich an den Führer der örtlichen Al-Aqsa-Brigaden: Darf ich die Organe meines Sohnes spenden? Selbst wenn sie an ein israelisches Kind gehen? Der antwortet:

»Aus meiner Sicht kann es kein Problem sein, ein Menschenleben zu retten.« Khatib müsse sich allerdings noch an eine religiöse Autorität wenden. Also sucht Ismael Khatib sofort Mohamed Seid Salah auf, den Mufti von Jenin. Der erklärt ihm: »Gott sagt, dass der Mensch heilig ist. Dazu gehört sein Körper als die Behausung der Seele.« Die Seele gehöre Gott, nicht dem Menschen. Daher sei die Spende von Körperteilen verboten, solange der Mensch noch am Leben ist. Hat aber die Seele den Körper verlassen, sei es erlaubt, Organe zu spenden. Und zwar egal, an wen. Diese Nachricht wiederum überbringt er dem Al-Aqsa-Chef, der ihm sagt: »So sei Gott mit dir.«

Ismael Khatib war schon früher mit dem Thema Organspende in Berührung gekommen. Sein Bruder hätte vor Jahren eine Niere gebraucht, aber es fand sich nicht rechtzeitig ein Spender. Er starb.

Als Khatib erfährt, dass auch Juden unter den Empfängern sein könnten, fragt er nochmals nach. Die Antwort des Al-Aqsa-Mannes: »Du spendest die Organe nicht Juden, sondern Menschen.«

Was Ismael Khatib durch den Kopf geht: Vielleicht gehen Ahmeds Organe an ein Kind, dessen Vater israelischer Soldat ist. Egal, dann ist es immer noch ein Kind. Daraufhin entscheidet sich Khatib, zu spenden, und zwar konsequent: auch das Herz, auch an Juden.

Während Ahmed, dem Sohn Ismaels, Herz, Nieren, Lunge und Leber entnommen werden, werden die Empfänger für die Transplantation benachrichtigt: Wir haben ein Organ, kommen Sie schnellstens ins Krankenhaus.

Die Operationsräume werden vorbereitet, Ärzte verschiedener Fachrichtungen zusammengerufen, die Patienten vorbereitet. Das alles muss zügig gehen. Inzwischen haben Journalisten erfahren, was sich abspielt. Eine wuchtige Geschichte bahnt sich an: Auf diesem Stück Land, umkämpft seit Tausenden Jahren, Gegenstand erbitterter, religiös aufgeladener Gegnerschaft, dort, wo das Aufeinanderzugehen als Schwäche gilt und wo es der Stärkere ist, der die Oberhand behält, wagt es einer, der Logik der politischen Fronten einen privaten Akt entgegenzusetzen. Einen Akt der Güte, Großherzigkeit. Einen Akt, der keine Metapher ist, kein Symbol, kein Zeichen gegen irgend etwas, sondern eine Tat.

Ismael Khatib tut das nicht spontan und unüberlegt, er tut es aus freiem Willen. Niemand übt Druck auf ihn aus, sich so oder anders zu verhalten. Sich gegen die Organspende zu entscheiden, würde ihm kaum jemand übel nehmen, im Gegenteil: Möglicherweise musste Khatib seine Entscheidung nicht nur aus eigener Unentschiedenheit, Frömmigkeit und aus Gehorsam gegenüber dem Mufti und dem Al-Aqsa-Mann absichern, sondern weil es in der Gegend, in der er und seine Familie leben, lebensgefährlich sein kann, wenn die öffentliche Meinung zum Schluss kommt, einer der ihren habe dem Feind genützt.

Für mich stellt sich in dieser Situation eine Frage, die mir selbst zunächst sehr technisch vorkommt, fast kalt angesichts der Emotionalität der Situation, dem Zeichen der Mitmenschlichkeit, dem Fanal gegen Hass, Vergeltung und Auge um Auge. Ich frage mich also: Ist die

Spende wirklich ein privater Akt? Im Grunde ja, aber nicht nur, nicht hier und nicht in diesem Moment. Alles ist politisch, diese Binsenweisheit ist hier völlig offensichtlich, und die Reporter ahnen das. In einem Krankenhaus filmen sie eine jüdisch-orthodoxe Familie, die im Wartebereich sitzt. Der Reporter fragt den Mann: »Wissen Sie, wer der Spender ist?« »Nein.« »Ist es wichtig, ob es ein Araber oder ein Jude ist?« »Lieber wäre mir ein Jude. Das ist nur so ein Gefühl.« Es ist die Familie eines Mädchens, das wenig später mit einer Niere Ahmeds aus der Narkose erwachen wird. Als dieser Satz fällt, weiß Ismael Khatib noch nichts davon. Er hat seinen Sohn verloren, und der Vater des Kindes, dem dieser Verlust wenige Stunden später höchstwahrscheinlich das Leben rettet, wünscht sich, der Spender wäre lieber kein Araber. Es ist der Moment, in dem das Unerhörte, das Ismael tut, zum ersten Mal augenfällig wird: Der Vater des Kindes, dessen Leben demnächst gerettet werden wird, wünscht sich, dass dies lieber durch ein jüdisches Kind geschehe.

Ahmeds Tod wird zum Politikum. Männer tragen seinen Leichnam, eingewickelt in eine palästinensische Flagge, auf einer Bahre durch die Straßen, sie rufen »Für Allah sind wir geboren. Allah ist groß … Hebt die Märtyrer hoch … du, unser Märtyrer, wir sind auf deinem Weg … Hebt die Märtyrer hoch und lasst die Welt sehen, wie er in seinem Blut liegt … Jeder Tote wird hundertfach gerächt.« Ein Foto von damals zeigt Ismael Khatib, wie auch er die Bahre trägt, die Augen verweint, darunter tief in die Haut eingegrabene Furchen.

Ein Jahr nach der Transplantation macht sich Ismael Khatib, begleitet von einem Filmteam, auf den Weg, um die Kinder zu besuchen, in deren Körper Organe seines Sohnes leben. Am Checkpoint fragt ihn ein Passant: »Bist du der Vater des Märtyrers Ahmed Khatib?« Er nickt. Kein Stolz huscht über sein Gesicht. Sie haben seinen Sohn verklärt, und das heißt immer auch: Sie haben ihn vereinnahmt. Sein Tod und die Trauer um ihn sind nicht mehr privat, sie sind öffentlich, sind Bestandteil von Politik und Propaganda geworden. Der Trauer seines Vater tut das keinen Abbruch, Stolz vermag sie nicht zu lindern. An der Grenze ertönen schikanös-barsche Anweisungen durch Lautsprecher, während er durch eine Art lang gestreckten Käfig geleitet wird. »Wie in einer Legebatterie«, kommentiert er. Am anderen Ende wartet sein Bruder Mustafa auf ihn, ein Palästinenser mit israelischem Pass.

Die Autofahrt führt ihn in die Negev-Wüste zu einer Beduinen-Familie. Abends sitzen sie vor einem Haus, ein dieselgetriebener Stromgenerator rattert, die allgemeine Stromversorgung ist mies. Der Vater eines der Kinder, die mit einem Organ Ahmeds leben, witzelt: »Wir haben ein Sprichwort: ›Der Schuster trägt keine Schuhe.‹ Ich bin ein Elektriker ohne Strom.« Ismael Khatib freut sich, als er Mohammed sieht, den Jungen, in dem eine Niere seines Sohnes arbeitet.

Später machen sie sich auf, um das Mädchen Samah zu besuchen, die dem Volk der Drusen angehört, einer religiösen Minderheit, die außer in Israel und Palästina vor allem in Syrien und dem Libanon lebt. Samah hat

Ahmeds Herz erhalten. Anschließend macht sich Ahmed zur letzten Station der Reise in Begleitung seines Bruders auf nach Jerusalem, zur Familie Levinson. Der Familie, deren Vater im Krankenhaus den Reportern gesagt hatte, ihm wäre es lieber, wenn der Spender ein Jude sei. »Das Kind soll wissen, dass ein Palästinenser sein Leben gerettet hat«, sagt Khatib, der Palästinenser.

Ismael Khatib und sein Bruder Mustafa sitzen im Auto und fragen sich zur richtigen Adresse vor, steigen aus, gehen die Treppe hoch, klingeln. »Shalom«, sagt der Onkel, die Frau erwidert den Gruß und bittet die beiden herein. »Schalom« sagt nun auch Yaakov Levinson, und kommt gleich zur Sache: »Wer ist der Vater? Er? Vielen Dank, wir wissen es sehr zu schätzen. Wo ist das Mädchen? Geh sie holen«, sagt er zu seiner älteren Tochter. »Möchten Sie türkischen Kaffee?« Er bittet seine Frau, Kaffee zu machen. Levinson trägt ein kurzärmeliges weißes Hemd, dazu schwarze Schuhe und eine schwarze Hose, von der Schnüre hängen, ein Kennzeichen ultra-orthodoxer Männer. Sie kommen damit einer Aufforderung nach, die Gott an Mose gestellt hat: »Rede zu den Israeliten und sag zu ihnen, sie sollen sich Quasten machen an die Ecken ihrer Kleider, von Generation zu Generation, und sollen an den Quasten eine violette Purpurschnur anbringen; sie soll bei euch zur Quaste gehören. Wenn ihr sie seht, werdet ihr euch an alle Gebote des Herrn erinnern, ihr werdet sie halten und eurem Herzen und euren Augen nicht nachgeben, wenn ihr zur Untreue verleitet werden sollt.«

Levinson ist in Israel geboren, die Eltern des Ehepaars stammen aus Chicago und New York. Sie haben sechs Kinder. Bevor sie Ismael Khatib empfangen, geben sie, auf dem Sofa sitzend, mit zweien ihrer Kinder kuschelnd, ihre Sicht der Dinge zum Besten: »Diese verrückten Araber versuchen ständig, uns umzubringen. Deshalb hat mich dieser Fall auch so überrascht, dass dieser Araber versucht hat, Juden zu helfen. Normalerweise helfen sie keinen Juden.« Auf die Frage, ob ihre Kinder palästinensische Freunde haben dürfen, antwortet er: »Nein, niemals. Wir wollen nicht, dass sie so aufwachsen«, und seine Frau ergänzt: »Sie würden Einflüssen ausgesetzt, die wir nicht gutheißen.« Ob sie auch mit Familie Khatib nicht befreundet sein könnten? Frau Levinson antwortet: »Wir könnten Bekannte sein, um ihnen unsere Dankbarkeit zu zeigen, aber enge Freunde, das nicht. Sie würden auch nicht unsere Freunde sein wollen. Sie könnten sie fragen, das würden sie bestimmt nicht wollen.«

Jetzt sitzen die beiden arabischen Männer in ihrem Wohnzimmer, und die Eheleute mühen sich, gute Gastgeber zu sein. Mustafa übersetzt.

»Wie viele Kinder haben Sie?« »Fünf.« »War Ahmed der Jüngste?« »Nein, der Mittlere.« Levinson sagt: »Ich erfuhr die ganze Geschichte erst später.« Er meint die Tötung Ahmeds. »Sie fragten, ob ich wüsste, wer der Spender war. Ich wusste es nicht.« »Was Sie gesagt haben, war sehr hart«, sagt Mustafa. »Ja, am Anfang. Sie stellten mir all diese Fragen, während meine Tochter operiert wurde. Es tut mir leid, ich habe nicht nachgedacht.«

Levinson entschuldigt sich also für seine Worte gegenüber den Reportern.

Herein kommt Menuha, das Mädchen mit dem transplantierten Organ. Ismael Khatib zieht sie sanft zu sich herüber, küsst sie auf Wange, fragt:»Wie geht's dir?« Ein Lächeln auf seinem Gesicht.»Wie geht es ihr?«, fragt er den Vater.»Etwa ein Mal im Monat wird sie untersucht.« »Muss sie ins Krankenhaus?« Herein kommt Frau Levinson mit türkischem Kaffee.»Möchten sie keinen Zucker?« »Nein.« Schweigen.

Yaakov Levinson nimmt den Gesprächsfaden wieder auf.»Wie ist die Situation in Jenin? Ist es ruhiger als vor ein paar Jahren?« Er spielt auf die so genannte zweite Intifada ab September 2000 an. Intifada bedeutet »loswerden, abschütteln«, es handelt sich um einen Aufstand der Palästinenser gegen den israelischen Staat. Damals waren die Verhandlungen in Camp David zwischen Palästinenser-Präsident Yassir Arafat und dem israelischen Premier Ehud Barak unter Vermittlung von US-Präsident Bill Clinton spektakulär gescheitert. Seitdem haben sich die Lebensumstände auch in Jenin dramatisch verschlechtert.

»Die Leute sind eingesperrt, sie können nicht raus«, sagt Mustafa. Levinson fragt ihn:»Was ist er von Beruf?« »Automechaniker. Aber in Jenin gibt es keine Arbeit.«»In Jerusalem gäbe es eine Menge Arbeit für ihn«, sagt Levinson. Weiß er nicht, dass Palästinenser aus dem Westjordanland nicht ohne Weiteres in Israel arbeiten dürfen? Weiß er nicht, wie schwer es ist, die Grenze zu passieren? Levinson setzt noch einen drauf:»Kann er nicht auswandern?« »Wohin?« »Vielleicht in die USA?«, schlägt Levinson vor. Und weiter: »Warum geht er nicht in die Türkei oder nach London?« »Aber seine Heimat ist hier«, sagt Mustafa, »wie kann er da weggehen?« »Dort gib es wenigstens Arbeit. Hier gibt es nichts für ihn. Er sitzt in Jenin fest. Dort könnte er gut verdienen.« Jetzt schaltet sich Ismael Khatib ein: »Ich soll in die Türkei gehen?« Mustafa: »Er fragt, warum du nicht weggehst, wenn es hier so schwierig ist.« Ismael: »Warum geht er denn nicht? Für ihn ist es doch auch schwierig, warum geht er nicht?« »Er fühlt sich wohl und ist zufrieden«, antwortet Mustafa.

Irgendwann schicken sich Mustafa und Ismael an zu gehen. »Wir wissen nicht, wie wir unsere Dankbarkeit ausdrücken sollen«, sagt Levinson. So jedenfalls nicht, geht mir selbst durch den Kopf. Levinson weiter: »Sie haben unsere Tochter gerettet.« »Wir wünschen ihr von ganzem Herzen Gesundheit«, sagt Mustafa, »wir haben nicht gefragt, ob der Empfänger Araber oder Jude ist. Wir haben alle dasselbe Blut«, und Levinson erwidert: »Wären wir in derselben Lage gewesen, hätten wir auch…« Er bringt den Satz nicht zu Ende.

Starker Tobak, das alles. Warum Ismael nicht in Jerusalem arbeitet, warum er nicht in die Türkei geht – es tut mir beinah weh, diese Stellen im Film zu sehen. »Fremdschämen«, dieses Wort ist für solche Szenen erfunden worden. Und was machen Ismael und sein Bruder daraus? Das Beste. Während sie im Auto auf der Heimfahrt sitzen, heben sie hervor, dass Yaakov Levinson sich bei ihnen dafür entschuldigt hat, was er den Reportern im

Krankenhaus ins Mikro gesprochen hat. Mustafa sagt: »Dieser Mann bereut, was er gesagt hat. Er war sehr ergriffen.«

Das ist die Geschichte, wie sie im Film »Das Herz von Jenin« erzählt wird. Die Gretchenfrage aber, sie ist noch nicht richtig beantwortet: Hat Ismael Khatib dem Schützen verziehen, hat er dem Staat verziehen, in dessen Namen der Schütze gehandelt hat? Diese und viele weitere Fragen treiben mich an und ich beschließe, sie selbst zu stellen. Ich mache mich auf nach Jenin, will den Mann treffen, dessen Sohn zum Märtyrer wurde, und er – was hat seine Tat aus ihm gemacht?

Ismael Khatib zieht mal wieder an seiner Zigarette, von denen er Dutzende jeden Tag raucht. Wir sitzen im Vorgarten seines Hauses am Stadtrand von Jenin, er schaut auf das eingeschaltete Aufnahmegerät, schnauft tief durch, bevor er antwortet, dann holt er aus. Er weiß: Er könnte jetzt das Hohelied der Vergebung anstimmen. Den Geläuterten geben. Früher warf er Molotowcocktails auf israelische Soldaten, jetzt kämpft er für Versöhnung und gibt die Organe seines Sohnes – solche Geschichten lieben sie im Westen. Vielleicht denkt er, dass wir das jetzt hören wollen.

Stattdessen erklärt er seine Geschichte. Sie geht so: »Stell dir vor, jemand droht im Meer zu ertrinken. Würde man dann zuerst fragen: Bist du Moslem, Jude oder Christ? Nein, man würde einfach helfen. Das habe ich gemacht. Auch später habe ich mich daran gehalten.« Mittlerweile leitet er ein Haus, in dem Jugendliche aus

Jenin ihre Freizeit verbringen, eine Art Jugendclub. Dort können sie Musikinstrumente lernen, tanzen, lachen, singen. »Ich bereue nicht, wie ich gehandelt habe. Ich habe meinen Sohn in einem Traum gesehen, lachend und glücklich. Deshalb geht es mir gut mit dem, was ich getan habe.«

Später im Gespräch aber macht er deutlich, dass das nur ein Teil seines Empfindens ist. Den anderen Teil drückt er so aus: »Es ist jeden Tag hart für mich, aufzuwachen und meine Töchter und Söhne um mich zu sehen ohne Ahmed. Ein Auto oder ein Haus kann man reparieren oder neu bauen, aber keinen Menschen. Er ist in mir, seine Stimme ist in mir, im Haus, die ganze Zeit.«

Sein Sohn Ahmed ist zwischen zwei Intifadas auf die Welt gekommen. »Ich glaube, er hat sein ganzes Leben keinen einzigen schönen Tag erlebt«, sagt Ismael Khatib im Film. »Dieses Kind hatte nie ein Chance, sein Leben zu leben. Und am Ende wurde er auf der Straße erschossen.« Dass es sich dabei um ein Versehen gehandelt haben könnte, um eine Überreaktion des israelischen Soldaten, glaubt Khatib bis heute nicht. Der erste Schuss in Ahmeds Bein – womöglich. Aber der zweite Schuss in seine Brust – das müsse Absicht gewesen sein.

Ismael Khatib zählt nicht zu den Menschen, die Gewalt prinzipiell ablehnen. Er macht keinen Hehl daraus, dass er das grundsätzlich weiterhin okay findet, allenfalls nicht zielführend. Dass auch er schon Steine und Molotow-Cocktails auf israelische Soldaten geworfen hat. Er schließt nicht aus, dass er dabei jemanden getötet hat.

Anderthalb Jahre saß er für Angriffe auf einen israelischen Militärstützpunkt im Gefängnis. Katib hat auch Barrikaden errichtet, Flugblätter verteilt. Was in Israel »Terrorismus« heißt, heißt im Westjordanland »Widerstand«. Ich erfahre, dass Khatibs Vater ihm irgendwann ins Gewissen geredet: Er solle sich fern halten von der Gewalt, solle eine Familie gründen, ein Geschäft eröffnen, ein friedliches Leben leben. So kam es: Er machte ein Kleidergeschäft auf, später eine Autowerkstatt. Nach seiner Darstellung war es immer die Besatzungsmacht, die seine Lebensgrundlage zerstört hat.

Heute wendet Khatib keine Gewalt mehr an. Aber er leistet Widerstand. »Ich habe nie aufgehört zu kämpfen, aber heute kämpfe ich anders.« Dabei gehe es nicht nur darum, wie man eine Waffe benutzt, sondern welche: »Kämpfen kann man auch mit Musik, Kultur, Kunst. Humanität ist der beste Weg, den Menschen zu zeigen, dass wir Menschen sind, nicht Terroristen. Es ist mein Weg, die Besatzung zu bekämpfen.«

Und dann sagt er etwas, was in mir gemischte Gefühle auslöst: »Du bist zu mir nach Jenin gekommen. Das beweist mir, dass mein Kampf gehört wird: dass du heim kommst und von mir erzählst.« Muss ich mich jetzt vor seinen Karren gespannt fühlen? Bin ich sein Werkzeug, durch das seine Botschaft bis nach Deutschland dringt, eine Botschaft des Kampfes, wenn auch des gewaltlosen, und durchaus keine Botschaft der Versöhnung? Ich erzähle hiermit seine Geschichte, aber zu einem seiner Kampfwerkzeuge möchte ich bitte nicht werden.

Und dann verdirbt er mir ganz und gar die Laune, indem er meine Frage beantwortet, wie er es mit Vergebung hält: »Sie haben mir mein Land und meinen Sohn genommen. Ich verzeihe nichts.«

Apodiktisch kommen diese Worte aus seinem Mund, er schaut mich direkt an dabei und macht durchaus keinen aufgewühlten Eindruck. Sachlich und leidlich gelassen gibt er etwas zu Protokoll, was als Ergebnis seiner Überlegungen betrachtet werden darf. Ich sitze also einem Mann gegenüber, der etwas unbestreitbar Großherziges getan hat. Dass er die Organe seines getöteten Kindes anderen, auch jüdischen, Kindern zur Verfügung gestellt hat, davor habe ich größten Respekt. Der ist nicht abhängig von den Beweggründen seines Handelns: »An ihren Früchten werdet ihr sie erkennen«, sagt Jesus im Matthäus-Evangelium, nicht etwa an ihren Beweggründen, Zielen, Motiven oder ihrer Motivation. Die Früchte von Ismaels Tun sind lebende Kinder, und das sollte niemand kleinreden.

Und dennoch ertappe ich mich dabei, enttäuscht zu sein: doch kein Heiliger. Ich hatte mir jemanden gewünscht, der, möglicherweise bekehrt durch die Gewalt, die er selbst angewendet hat und dessen Opfer er geworden ist, der geläutert durch die Erkenntnis, dass Gewalt nicht zum Ziel führt, dieser abschwört. Um es ganz platt zu sagen: Ich hatte mir einen Gandhi gewünscht, und bekommen habe ich einen Ismael Khatib. Darauf bin ich nicht stolz, denn erstens habe ich den Anspruch, mich den Menschen unvoreingenommen zu nähern, und zweitens nervt es mich auch an anderen, wenn sie der Wirklichkeit sagen, wie sie sich bitteschön zu verhalten habe. »Occupying the high moral ground«, so nennen es die Amerikaner, wenn es sich jemand auf seinen hehren Idealen gemütlich macht. »Sich moralisch im Recht fühlen« so lässt sich das übersetzen, etwas freier aber auch so: »auf dem hohen Ross sitzen«. Die Gefahr, die Weltläufte moralisierend zu betrachten, ist typisch nicht nur für mich persönlich, sondern auch für viele Mitteleuropäer unserer Zeit, die die Kriege und Konflikte unserer Zeit gerne mit einem »jetzt vertragt euch doch bitte alle wieder« quittieren, anstatt sich mit den Ursachen und Zielen der Beteiligten auseinander zu setzen.

Durch das, was er getan hat, verbindet Ismael Khatib Härte mit Größe. Gegner bleibt Gegner. Aber Gegner bleibt Mensch. Khatib versöhnt sich nicht. Er vergibt nicht. Das bringt mich zum Nachdenken. Es erinnert mich daran, dass Verzeihung nur ein Weg unter mehreren ist, um mit dem zurechtzukommen, was einem das Leben vor die Füße wirft. Dass es legitim ist, keine Verzeihung zu gewähren, sich nicht auszusöhnen, die Gegensätze nicht aufzulösen, aber gleichzeitig so auf sie zu reagieren, wie es dem eigenen humanitären Anspruch an sich selbst entspricht. In Khatibs Fall heißt das vor allem, zu differenzieren zwischen einerseits einem Staat, dessen Gebietsansprüche er ablehnt und der repräsentiert wird durch seine Soldaten, und andererseits unschuldigen Kindern, die etwas zum Leben brauchen, das er ihnen verschaffen konnte.

Ich beginne besser zu verstehen: Dem Verzeihen darf ich mich nicht nur demütig nähern, wie etwas Heiligem, sondern auf handfeste Weise. Verzeihen ist eine Strategie, um einen Zugang zu etwas zu finden, das einem ein möglichst gutes Weiterleben ermöglicht. Und zwar eine Strategie unter anderen. Diese anderen darf ich nicht aussparen. Ich muss mich auf die Suche machen nach den Alternativen zu Vergebung, und ich darf dabei nicht hinter das zurückfallen, was Ismael Khatib mir vermittelt hat, ein reflektierter Mann, der sich bewusst gegen das Verzeihen entschieden hat. Mir wird klar: Ich mache hier keine PR für das Verzeihen. Das ist eine harte Nuss für mich. Welche Alternativen zum Verzeihen gibt es also? Ich nehme die Frage mit zu einer weiteren Begegnung, die ich auf dieser Reise haben werde.

5

»Das wichtigste Wort ist Versöhnung«

Etwa 40 Kilometer von Jenin entfernt, in der israelischen Stadt Haifa, wohnt eine Frau, die sich Zeit für mich und mein Thema nimmt. Yaël Armanet-Chernobroda wohnt in einer kleinen, aufgeräumten Wohnung, die sich an Serpentinen anschmiegt, die zum Mittelmeer hinabführen.

An einem sonnigen Vormittag bittet sie mich zum Gespräch. Zuvor habe ich den Dokumentarfilm »Nach der Stille« gesehen, den die Regisseurinnen Jule Ott und Stephanie Bürger gedreht haben. Armanet ist die Witwe eines Mannes, den der palästinensische Selbstmordattentäter Shadi Tobassi mit sich selbst und 14 anderen Menschen in einem Restaurant in die Luft gesprengt hat. Acht Jahre nach der Tat hat sich Yaël auf den Weg nach Jenin gemacht, um die Eltern des Täters kennenzulernen. Ähnlich wie Gisela Mayer möchte sie ein Gefühl dafür entwickeln, wer er war, wie er aufgewachsen ist und lebte. Sie macht sich auch deshalb auf den Weg, weil sie glaubt, dass ihr Mann Dov das gutgeheißen hätte. Er war Architekt und hat arabische Städte im Norden von Israel gebaut. Er war ein Versöhner. »Weiß die Familie Tobassi, dass sie in ihm einen Freund verloren hat?«, sagt sie im Film.

Viele Wochen hat es gedauert, bis die Familie von Shadi Tobassi bereit ist, sich mit Yaël zu treffen. Die lässt, bevor sie ankommt, zwei Bitten überbringen: Sie möchte, dass alle Kinder und Enkel der Eltern anwesend sind. Und sie möchte bitte kein Foto des Mörders ihres Mannes anschauen müssen. Als der Vater Zakaria Tobassi in der

Moschee weilt, nimmt die Mutter Nadije Tobassi das Bild von der Wand. Es ist dieses besonders intensive Zeichen, das am Anfang ihrer Begegnung steht. Wenig später sitzen sie, in Anwesenheit der Großfamilie Tobassi, in einem Wohnzimmer in Jenin und sprechen miteinander. Es gibt eine Frage, die in der Luft liegt. Armanet stellt sie aber nicht. Die Frage lautet: Woher hat euer Sohn das? Wie habt ihr euer Kind erzogen? Doch die Eltern beantworten sie. Sie sagen, sie hätten ihn abgehalten, wenn sie geahnt hätten, was er vorhat. »Ich bin sicher, dass sie nicht lügen«, sagt Armanet. »Aber ich bin auch sicher, dass der Junge auch eine bestimmte Erziehung in der Schule bekommen und der Indoktrination, Manipulation und Propaganda der Hamas ausgesetzt waren.«

Yaël Armanet spricht ein zartes Deutsch mit weichem französischen Akzent. Als ich sie in ihrem Haus in Haifa besuche, kommt sie bald zur Sache. »Vergeben – das Wort kannte ich nicht im Deutschen.« Vergeben könne nur Gott. »Wer bin ich? Ich bin nicht der Richter. Für mich ist wichtiger zu wissen, dass die Kinder und Enkel einen anderen Blick auf Israel haben nach meinem Besuch.« Verzeihen aber kenne sie – für sie seien beide Worte nicht die richtige Antwort. Was denn? »Das wichtigste Wort ist ›Versöhnung‹.« Und warum? »Wenn Sie über Vergeben sprechen: Nur Gott kann Vergebung gewähren. Ich nicht, ich kann nicht im Namen dieser Leute sprechen.«

Und Verzeihen? Verzeihen kommt ihr zu leicht vor, zu oberflächlich: »Okay, ich verzeihe – das ist leicht gesagt. Versöhnung aber bedeutet, etwas zu bauen.« Außerdem:

»Was gibt es zu verzeihen? Ein junger Mann ist gekommen und hat so viele Menschen wie möglich getötet. Das war das Ziel.« Was soll schon passieren, wenn jemand verziehen hat? »Dann können wir diesem Menschen den Rücken zukehren und ihn nie wieder sehen. Ich sage: Versöhnung ist die Antwort.« Deshalb wollte sie, dass die Kinder und Enkel der Tobassis anwesend sind – damit sie sehen, wie eine leibhaftige Jüdin mitten unter ihnen sitzt. »Versöhnen heißt, eine Brücke zu bauen, eine gemeinsame Zukunft zusammen mit den Palästinensern. Auch die Angst zu besiegen. Ich habe ja auch Angst.« Bevor sie das Westjordanland betrat, musste sie ein Papier unterschreiben, wonach sie einverstanden ist, dass die israelische Armee nicht verantwortlich für sie ist, falls uns etwas zustößt – »quelque soit la mort«. Egal, welcher Tod.

Armanet erzählt mir, was noch passiert ist, seit der Film fertig ist. Der hatte damit geendet, dass die beiden Mütter sich in den Gesprächen immer nähergekommen waren, sich geöffnet hatten. Jetzt also sind Armanet und die Familie Tobassi in Berlin zur Berlinale geladen. Sie treffen sich jeden Tag in einem Hotelzimmer, sind meistens unter sich. Eines Abends zeigt ihr der Vater Bilder seiner Kinder und Enkel auf dem Handy. Plötzlich ist das Bild von Shadi zu sehen. Der Vater wischt es gleich weg. Armanet sagt: »Abu Anjad, ich werde niemals vergessen, dass Ihr Sohn ein Mörder war und dass er so viele Leute wie möglich getötet hat. Aber ich werde auch niemals vergessen, dass es Ihr Sohn war, und dass Sie in Trauer sind um ihren Sohn.« Dann sehen sie sich an und sagen nichts.

»Wir hatten beide Tränen in den Augen, die Mutter war neben mir, sie war still.« Und dann sagt Armanet: »Ich weiß noch etwas, das du nicht weißt. Weißt du, dass dein Sohn nicht nur am gleichen Tag gestorben ist wie mein Mann, sondern auch am gleichen Tag wie mein Mann geboren ist, am 8. März?«

»Das war der Moment, in dem wir zusammen eine Brücke gebaut haben«, erzählt Armanet.

Nach einer Woche in Berlin will Armanet ein bisschen für sich sein. Sie besucht die Neue Synagoge an der Oranienburger Straße in Berlin-Mitte. Eine Ausstellung läuft, Armanet denkt sich: »Da gehe ich jetzt rein, jetzt brauche ich meine Juden!« Und wen trifft sie in den Räumen? Die Tobassis. »Die brauchen jetzt auch ihre Juden«, denkt sie: etwas, was sie kennen, was sie an daheim erinnert. Und sie kommen miteinander ins Reden. Über Rommel, der, wäre er 1942 bis Palästina gekommen, vielleicht die Entstehung Israels verhindert hätte. Es ist ihm nicht gelungen, denn die Araber haben gegen ihn gekämpft. »Ich bin ein einfacher Bauer«, sagt Herr Tobassi, »für die Nazis war auch ich ein Untermensch. Sie hätten mich auch getötet.«

Auf dem Heimflug von Tel Aviv nach München hänge ich der Frage nach, ob Armanet wirklich recht hat, dass es vor allem um Versöhnung geht. Sie sucht den Austausch, Parallelen, Gemeinsamkeiten, geteilte Interessen, Perspektiven, Geschichte. Auf meiner Suche nach Alternativen zum Verzeihen hat sie mich voran gebracht. Sie hat mir den Unterschied zwischen Verzeihen und Versöhnen klar gemacht – und dass das eine ohne das andere möglich ist. Auch etwas Drittes scheint es zu geben, hat mich Ismael Khatib gelehrt, der weder verzeiht noch sich versöhnt und dennoch ein großherziges Zeichen setzt. Ja und überhaupt: Je mehr ich mich mit meinem Thema beschäftige, desto stärker geraten mir meine Begriffe und Kategorien durcheinander. Ich kann doch nicht einfach schreiben, dass alles irgendwie mit allem zusammen hängt, und gut ist's. Ich bin ich doch angetreten, um Klarheit herzustellen. Und so tue ich etwas, wofür es höchste Zeit ist: Wieder daheim, suche ich mir Profis. Verzeih-Profis.

Eine Freunding erzählt mir von Michael Linden. Der ist Professor an der Berliner Charité und Psychiater und stimmt mich, während ich ihn google, skeptisch. Er hat eine »Posttraumatische Verbitterungsstörung« ins Leben gerufen und setzt dieser eine »Weisheitstherapie« dagegen. »Weisheit gibt es hier auf Rezept« ist so ein Satz, mit dem er in einem Magazin zitiert wird. Nun ja. Und was bedeutet »Verzeihen« aus seiner Sicht, frage ich ihn am Telefon. »Ich sage erst mal, was es alles nicht bedeutet: Verzeihen bedeutet nicht vergessen. Das Geschehene lässt sich nicht wiedergutmachen. Und es hat auch nichts mit Versöhnen zu tun. Wer verziehen hat, braucht deshalb keine Beziehung zu dem Menschen aufrecht erhalten, der ihn verletzt hat: Eine Frau kann ihrem Mann einen Seitensprung verzeihen und sich trotzdem scheiden lassen. Verzeihen braucht auch keine große Geste: Der Täter braucht noch nicht einmal zu erfahren, dass ihm verziehen worden ist.« Wer vergibt, der akzeptiert ein Ereignis, er begreift es als Teil der eigenen Geschichte. Kurzum: »Verzeihen heißt eigentlich bloß eins: dass es nicht mehr wurmt.« Wenn dieses Ziel durchs Verzeihen erreicht wird, dann ist das schön. Und wenn es anders erreicht wird – auch gut. Was heilt, hat recht. Ist es so einfach? Ist Verzeihen doch nicht so wichtig, nur ein Mittel zum Zweck, durchs Vaterunser überhöht?

Verzeihen ist zunächst mal hilfreich. Aber nicht unbedingt, sagt Sabine Becker, die eine Praxis für Traumatherapie leitet. Es gelinge nur unter bestimmten Voraussetzungen und sei nichts, was man sich einfach vornehmen kann oder was sich planen ließe – das ist das Erste, was sie mir am Telefon übers Verzeihen sagt, und auch den Menschen, die in ihre Praxis kommen. »Manche Menschen spüren einen Druck, endlich vergeben zu müssen. Aber dieser Druck hilft nicht. Man muss auch wirklich bereit dazu sein.« Sie erinnert sich an eine Frau, die von ihrem Vater vergewaltigt wurde. Als sie noch jung war, traute sie sich, darüber mit der Mutter zusprechen. Die drängte sie, doch bitte zu vergeben, es als »Fehler« und »Ausrutscher« abzutun – schließlich stehe die Zukunft der Familie auf dem Spiel, und was sollen die Leute denken? »Die junge Frau hat sich irgendwann sogar selber eingeredet, sie hätte die Kraft zu vergeben. In Wahrheit sperrte sie nur ihre Gefühle weg. Sie litt doppelt: erstens unter dem, was geschehen war, und zweitens darunter, es nicht ausreichend aufarbeiten zu können.« So sei Verzeihen unmöglich. Verzeihen sei das Ende eines langen Weges, meint Becker. Zuvor jedoch dürfen, müssen Verachtung, Wut und Hass zugelassen werden, man könne diese Gefühle nicht einfach überspringen oder wegstecken. Erst müsse der erlittene Schmerz ein bewusster Teil der eigenen Lebensgeschichte werden: »Man kann dann diese Lebensphase anschauen wie ein Foto und sich dabei sagen: ›So war das damals, und es war schlimm. Und heute lebe ich damit, und zwar gar nicht schlecht.‹« Erst wenn das gelungen ist, sei ein Mensch frei genug, wirklich zu verzeihen.

Und wenn nicht? »Wenn jemand vorschnell verzeiht, kann es passieren, dass er das Geschehene nicht hinreichend aufarbeitet.« Die Versuchung, das zu tun, sei groß. »Sich einzureden, man sei stark und großherzig genug um zu vergeben, stärkt das Selbstbewusstsein und steigert auch das Ansehen gegenüber anderen.« Der Preis: »Wenn Wunden vorschnell als geheilt erklärt werden, können sie nicht heilen.« Verzeihen sei kein Selbstzweck und kein Allheilmittel – Ziel sei es, mit dem Geschehenen so umzugehen, dass es dem eigenen Leben nicht mehr im Wege steht.

Und welche Alternativen gibt es zum Verzeihen? Damit hat sich ein gewisser Michael McCollough beschäftigt. Der Professor ist Direktor des »Evolution and Human Behavior Laboratory« in Miami und Autor des Buches »Jenseits der Rache – Die Evolution des Vergebungs-Instinkts«. Er sagt, dass der Mensch nur zwei Auswege aus schweren Konflikten kenne: Vergebung oder Vergeltung. Im Prinzip, denn im wahren Leben gibt es noch sehr viel mehr, etwa die Flucht in eine Krankheit, die Entwicklung von Vermeidungsverhalten und mehr. Ungeachtet dessen gilt: Sowohl Vergebung als auch Vergeltung soll dem Menschen das Überleben sichern. Vergeltung soll durch Abschreckung wirken: Schaut her, wer mich angreift, dem wird es schlecht ergehen! Nur habe die Vergeltung zwei gravierende Nachteile. Erstens: Rache provoziert wieder Rache, potenziell eskaliert sie dabei, es entsteht ein Teufelskreis, die Gewalt hört vielleicht nie auf. Und zweitens: Falls sich der Konflikt in der eigenen Sippe abspielt, könnte diese dabei zerbrechen und mit ihr die eigene Lebensgrundlage. Vergebung dagegen sorgt für eine intakte Sippschaft und so auch für das Überleben dessen, der vergibt. Unterm Strich kann es ein evolutionärer Vorteil sein zu vergeben. Das würde bedeuten, dass unter unseren Vorfahren diejenigen die besseren Überlebens- und damit Fortpflanzungschancen hatten, die vergeben konnten. Und das hieße wiederum, dass tief in uns die Fähigkeit zur Vergebung angelegt ist.

Das finde ich einen ungeheuer tröstlichen Gedanken. »Survial of the fittest« einmal nicht übersetzt mit dem »Überleben des Stärkeren«, sondern des »am besten Angepassten«, was in unserem Fall heißt: Es überlebt derjenige, der am besten auf die erlittene Verletzung reagiert. Zum Beispiel durch Verzeihen oder Vergeben.

Apropos: Vielleicht fragt sich mancher schon die ganze Zeit, ob es einen Unterschied zwischen Verzeihen und Vergeben gibt. Die Antwort lautet: Kann sein, kann aber auch nicht sein. Im Duden sind beide als Synonyme aufgeführt. Die Menschen, die ich nach dem Unterschied gefragt habe, hatten ein ähnliches Gefühl wie ich, nämlich, dass bei »Vergebung« eine spirituelle Dimension mitschwingt, während Menschen einander verzeihen. »Vergeben kann nur Gott«, das habe ich öfter gehört. Im Vaterunser taucht, jedenfalls in der deutschen Übersetzung, dieser Unterschied nicht auf, dort bitten wir Gott um Vergebung und kündigen an, unsererseits anderen Menschen zu vergeben. Am besten, Sie horchen selbst einmal in sich hinein. Ich für meinen Teil will mich der unscharfen Unterscheidung enthalten und setze »Vergeben« und »Verzeihen« in eins. Vorerst, denn am Ende des Buches wird uns eine Frau begegnen, für die der Unterschied ganz erheblich ist.

6

»Ich nehme das Leben,
wie es ist« – oder:
»Soll ich wirklich?«

Verzeihen ist wichtig, Vergeben auch: Aber wie wichtig? Was mir dabei auffällt: Alle Menschen, die ich bisher besucht habe, haben Erfahrung mit etwas eindeutig Negativem, Schlechtem, Verwerflichen, ja vielleicht Bösem gemacht: Timm K., der mit einer Waffe in eine Schule geht und Menschen tötet, mag ein gebeuteltes Kind, ein fehlgeleiteter Teenager gewesen sein, aber was er tat, ist unentschuldbar. Und es ist dabei eines nicht: ambivalent. Auch Frau Kowalskis Ehemann kann seine schwere Kindheit und seine Drogensucht nur sehr bedingt als Entschuldigung oder gar Ausrede heranziehen; er ist derjenige, der seine Tat zu verantworten hat – eine Verantwortung, die er auch nicht abstreitet – und außer ihm zunächst mal niemand. Und ob der israelische Soldat, der Ahmed Khatib getötet hat, nun gezielt ein palästinensisches Kind ermordet hat, ob er im wortwörtlichen Eifer des Gefechts, vielleicht in Todesangst, abgedrückt hat, wird sich kaum mehr eruieren lassen. Eindeutig Vorsatz war hingegen das Selbstmordattentat auf Yaël Chernobrodas Mann, und selbst dort lässt sich fragen, welche Rolle die Verzweiflung gespielt hat. All diesen Fällen liegt eine eindeutig verwerfliche Tat zugrunde.

Aber das muss nicht so sein. Daraus folgt: Wenn ich dem Verzeihen näher kommen möchte, sollte ich nicht nur auf Verbrechen schauen. Ich sollte mich auf die Suche nach Menschen machen, deren Leid von etwas herrührt, was härter zu fassen, schwerer zu beurteilen ist.

Menschenmass wie Stefan Tiefenbacher!, fährt mir in den Kopf. Ihn habe ich vor ein paar Jahren begleitet auf einer Fahrt von seiner Wohnung in der Gegend von München nach Hafenhofen, einem Gemeindeteil von Haldenwang im schwäbisch-bayerischen Landkreis Günzburg – aber davon später mehr. Denn eigentlich sollte man, bevor man die Geschichte von Stefan Tiefenbacher und den Grund seiner Reise erfährt, ihn erst einmal hören. Sein Krähen, Hauchen, Raunen. Diesen Ton, der, wenn er aus dem CD-Spieler in meinem Wohnzimmer dringt, dieses in eine Konzerthalle zu verwandeln vermag. Ich schließe die Augen und bin kurz unschlüssig, wo dieser Ton entsteht: In den Lautsprechern? Im Saxofon, dessen Laute sie wiedergeben, oder schon vorher, im Inneren dessen, der es spielt, irgendwo tief drin in Stefan Tiefenbacher? Wärme steckt in dem Ton, eine Prise Schärfe und, auch auf die Gefahr hin, dass es klischeehaft klingt: Präsenz.

Ich bin neugierig auf den jungen Mann, der das Instrument spielt, und begleite ihn gemeinsam mit seiner Mutter Gerda zu dem Klarinettenbauer Martin Foag, der ihm ein Saxofon gebaut hat, wie es kein zweites gibt auf der Welt. In Hafenhofen angekommen, stehen wir im Keller eines Neubaugebiets. Wieder bläst Stefan Tiefenbacher in sein Instrument, und wieder lohnt es sich, die Augen zu schließen, weil man sonst abgelenkt sein könnte von den Werkbänken, Schraubstöcken, Laubsägen, von den Zangen und Feilen an der Wand, von dem Traktor, der vor dem Fenster mit einem Güllefass vorbei fährt. Und von Stefan Tiefenbachers blauem Pullover, dessen linker Ärmel auf halber Höhe hochgesteckt ist. Von dem Loch in seinem Hals. Von dem Gestell, auf dem sein Saxofon klemmt. Ein Saxofon, das deshalb so einzigartig ist, weil man es mit einer Hand spielen kann und das trotzdem den vollen Tonumfang bereit hält.

Stefan Tiefenbacher fehlt sein rechter Arm, er hat ihn durch einen Unfall verloren. Ein Bein ist steif. Und: Er hat seit dem Unfall beinahe seine gesamte Erinnerung an das Leben davor verloren. 23 Jahre war er damals alt. »Meine Mutter hat mir erzählt, dass Mathe mein Lieblingsfach war. Ich habe eine Bauzeichnerlehre abgeschlossen und hatte einen Studienplatz für Bauingenieurwesen an der TU München.« Die Mutter hat es erzählt. Sonst wüsste er es nicht. Tiefenbacher hat nach dem Unfall versucht, daran anzuknüpfen, hat mit einem Studenten geübt, aber es ging nicht. Noch immer hat er manchmal Schwierigkeiten mit dem Gedächtnis. An seinem Computer-Monitor kleben Notizzettel, auf denen steht, was er nicht vergessen darf, zum Beispiel seine Mathematiktherapie.

Drei Monate lang lag er im Koma. Das war eine Zeit, in der er vergessen hatte, wie ein Saxofon aussieht, wozu es gut ist und dass man hineinblasen muss. Als er aufwachte, wusste er nicht, was passiert war, wie er heißt, wer er ist und wer die Frau an seinem Krankenbett war, die sich ihm als seine Mutter vorstellte. Stefan Tiefenbacher war künstlich beatmet und künstlich ernährt worden. Die Ärzte sprachen schon von »hirntot«, so erzählt es Tiefenbachers Mutter. Aber dann habe ihr Sohn auf der Intensivstation eine wache Minute gehabt. Er habe seinen Kopf nach links gedreht, gesehen, dass dort kein

Arm mehr sei, und seine Mutter angeschaut. Und die habe ihm versprochen: »Stefan, du wirst wieder Saxofon spielen.«

Zwei Jahre verbringt Tiefenbacher im Krankenhaus. Als er wieder in seinem alten Zuhause zurück ist, hat er Heimweh. Er meint damit das Krankenhaus, er kennt sonst nichts. Anschließend verbringt er drei Jahre auf Reha. Lernt essen, gehen, stehen, sprechen. Nicht, dass er lernen müsste, sich wieder daran zu erinnern, mehr noch: Er muss es von Grund auf neu lernen. Auch die Erinnerung an sein Leben vor dem Unfall kommt nicht wieder, bis auf kleine Aspekte. Er erinnert sich an Melodien, lernt mit der Zeit, sie mitzusingen. Töne, Rhythmus, Sprachtexte tun dem Gehirn gut. Und zwar nicht nur ein bestimmtes Areal, sondern das ganze Ding, die Hörrinde, die motorische und die sensorische Hirnrinde, das Frontalhirn, das limbische System, wo die Gefühle ankommen. Musik bringt Stefans Gehirn zum Schwingen, sie macht es lebendig. Seine Mutter merkt das.

Keine Ahnung hat Stefans Mutter heute, woher sie den Mut nahm, ihm zu versprechen, dass er wieder Saxofon werde spielen können. Aber sie hielt Wort. Zuerst rief sie Martin Foag an. »Sie bauen doch Saxofone, oder?« Und sie bat ihn, eins zu bauen, das mit nur einer Hand gespielt werden kann. Martin Foag konnte sich nicht vorstellen, dass das möglich sei. Er hatte schon Klarinetten für Musiker gebaut, denen ein oder zwei Finger fehlten – »Schreinerklarinetten« nennt er sie. Aber ein Saxofon für vier Finger und einen Daumen? Für einen Musiker, den er

nicht nach seinen Bedürfnissen fragen konnte? Und überhaupt, Foag baute vor allem Klarinetten, mit Saxofonen
kannte er sich eher theoretisch aus. Kurzum: Das kann
nicht gehen. Eigentlich. Na, er setzte sich jedenfalls auf
sein Rad, fuhr durch den Wald und dachte nach. Und bittet anschließend Stefans Mutter, dessen Hand auf ein Blatt
Papier zu legen, die Umrisse mit einem Stift nachzufahren
und ihm den Zettel zu faxen. Schließlich muss Foag wissen, wo er die Klappen zu platzieren hat. »Aber seien Sie
bitte nicht enttäuscht, falls es nichts wird mit dem Ein-
handsaxofon.«

Foag tüftelt. Foag spinnt, sagen Kollegen. Er lötet
Löcher in Stefans Saxofon, fräst neue hinein, feilt, ergänzt
Messingstangen, biegt die Klappen mit der Zange so hin,
dass Stefan mit einem Finger mehrere gleichzeitig drü-
cken kann. Zum Schluss ist die gesamte Mechanik neu.
Und Foag fällt auf, dass er eine Klappe vergessen hat.
Zurück auf Start.

Ein Vierteljahr nach ihrem ersten Telefonat setzt sich
Martin Foag mit Gerda Tiefenbacher ins Auto und fährt
zu ihrem Sohn Stefan nach Glonn bei München. Im Kof-
ferraum liegt ein Saxofon, in dem Spaß am Tüfteln, ein
paar Nerven und einige hundert Stunden Arbeit stecken.
»Ich war unsicher, obs klappen würde. Und auch wegen
der Atmosphäre, ich kannte Stefan ja noch nicht.« Dessen
Freunde sind gekommen. Sie haben Geld für das Instrument gesammelt. Und reißen Witze über Einarmige. Stefan sitzt im Rollstuhl, er ist schwach, aber wach. Foag hält
ihm das Saxofon hin. Stefan weiß sofort, wie er hinein-

blasen muss. Sein erster Ton seit zwei Jahren. »Das Einzige, was nach langem Koma noch blieb, war das Gefühl für die Musik«, sagt Stefan. Und was an dem Tag noch nicht wieder da ist, lernt er in den folgenden Monaten: sprechen, greifen, gehen. »Nach wie vor ist sie mein bester Freund und die beste Therapie für mich«, sagt er. Inzwischen hat er zahlreiche CDs aufgenommen und spielt Konzerte.

Mich berührt diese Geschichte, nicht nur, weil sie so dramatisch ist, sondern weil sie, wenn man sie so liest, wie ich sie bis hierher aufgeschrieben habe, gut ausgeht. Überspitzt zusammengefasst: Unfallopfer macht das Beste draus.

Aber ganz so einfach ist es nicht. Denn Tatsache ist: Stefan Tiefenbachers Leben verläuft sehr anders, als er es sich vorgestellt hatte, und dieses »anders« bedeutet nicht unbedingt »besser«. Für den Grund dafür trägt er keine Verantwortung. Das tut ein Mann, den er nicht kennt.

Stefan und ich sitzen uns in seiner Wohnung gegenüber. Er wohnt alleine, in dem Appartement unter ihm seine Mutter. Sie hat Zwetschgendatschi heraufgebracht und zieht sich bald wieder zurück. Sie lässt ihm so viel Selbständigkeit und Freiraum wie möglich und geht ihm gleichzeitig zur Hand, wenn er das braucht. Stefan steht auf und holt die Armprothese hervor, überraschend schwer, dreieinhalb Kilo. Er soll sie mehrere Stunden am Tag tragen, damit sein Stützapparat im Gleichgewicht bleibt – da sich linker und rechter Arm nicht gegenseitig ausbalancieren, muss die Prothese das leisten.

Stefan erinnert sich nicht an den Unfall. »Mir wurde erzählt, dass ich Motorrad gefahren bin. Dass mir in einer Kurve dieser Autofahrer entgegengekommen ist. Er ist auf meine Spur geraten.« Der Freund, der mit seinem eigenen Motorrad gemeinsam mit ihm unterwegs war, konnte noch ausweichen. »Mich hat's frontal erwischt.« Erst prallte er gegen das Auto, dann gegen einen Baum.

An das Leben vor diesem Moment erinnert er sich kaum, geschweige denn an die drei Monate im Koma. Selbst die Erinnerung an die drei Jahre in der Reha-Klinik ist blass. Er kann sich auch nicht daran erinnern, wann die Erinnerung wieder eingesetzt hat. »Als ich aufwachte, fehlte mein linker Arm. Später musste mein linkes Bein teilamputiert und versteift werden. Ich hatte ein schweres Schädel-Hirn-Trauma, konnte mich nicht bewegen, nicht sprechen und nichts verstehen.«

Der Autofahrer, der für all das verantwortlich ist, hat sich nie bei ihm gemeldet. Stefan weiß kaum etwas über ihn. Manchmal überlegt Stefan, Kontakt zum Autofahrer zu suchen. »Aber wahrscheinlich wäre es für ihn auch nicht einfach, wenn seine Erinnerungen wieder hochkommen.« Damals hatte er für ein paar Monate seinen Führerschein verloren und musste Strafe zahlen, erzählt Stefan Tiefenbachers Mutter. Mittlerweile ist der Mann über 80 Jahre alt, wenn er noch lebt. »Vielleicht würde er ein Treffen gar nicht verkraften. Ich hätte kein Problem mit einer Begegnung. Ich würde auch keine Entschuldigung erwarten. Ich bin ihm eh nicht böse. Es war nicht seine Absicht, mich so zu verletzen.«

Ich sitze Stefan Tiefenbacher gegenüber und höre seine Worte. Es fällt mir schwer, sie nachzuvollziehen: Wie kann er Trost daraus ziehen, dass der Fahrer nicht mit Absicht gehandelt hat? Der Schaden ist derselbe. Wobei – ich erinnere mich an Gisela Mayer, der es schwer zu schaffen machte, dass es jemanden gab, der den Tod ihrer Tochter wollte und absichtlich herbeiführte. Und ich verstehe, dass es Stefan Tiefenbacher wenigstens erspart geblieben ist, sich mit der bösen Absicht des Unfallverursachers auseinanderzusetzen. Andererseits: Dass jemand ein solches Unglück verschuldet, weil er zum Beispiel – so stelle ich es mir vor, genau weiß ich es nicht – in einer Kurve am Radio herumnestelte, diese Leichtfertigkeit also, mit der der Mann Stefans und sein eigenes Leben aufs Spiel gesetzt hat – also mich würde das zur Furie machen. Vorsatz oder nicht, wenn das für Gisela Mayer eine wichtige Rolle spielte, warum dann nicht für Stefan Tiefenbacher? Er sagt: »Jeder Mensch macht Fehler. Manchmal, wenn ich neben meiner Mutter im Auto sitze, denke ich: Hoffentlich passiert es uns nie, dass wir so viel Unglück über einen Menschen bringen wie dieser Autofahrer über mich. Wenn ich über ihn nachdenke, kommt nichts Böses in mir hoch. Das heißt wohl, dass ich ihm verziehen habe. Ich war zur falschen Zeit am falschen Ort. Ich nehme das Leben, wie es ist.«

Dennoch: Dass der Autofahrer sich noch nicht einmal bei Stefan Tiefenbacher gemeldet, geschweige denn sich entschuldigt hat, ist das nicht wirklich lausig ohne Ende? Stefan Tiefenbacher scheint diese Frage, wenn er sich

denn mit ihr beschäftigt hat, zumindest nicht zu quä-
len. Die Dinge sind, wie sie sind, und er scheint besser
damit zurechtzukommen, es dabei zu belassen. »Würde
ich anfangen zu grübeln, was wäre, wenn, käme ich damit
womöglich nicht zurecht. Vielleicht würde ich ihm dann
auch vorwerfen, dass er mir so viel genommen hat. Ich bin
jetzt 43 Jahre alt (ab Oktober 2018, Anm. d. Autors), ich
werde mein Leben lang auf Hilfe angewiesen sein. Mein
Leben wäre einfacher und schöner ohne den Unfall, klar.
Ich hätte vielleicht eine Familie.«

Vielleicht steckt hier auch eine Lektion, die hilfreich
fürs Verzeihen ist: das Sich-Abfinden mit dem, was nicht
zu ändern ist, weil es nicht zu ändern ist. Da fällt mit eine
Kalenderblatt-Weisheit ein. Sie klingt ein bisschen ver-
braucht, ist aber zu wichtig, um mangels Originalität
unerwähnt zu bleiben. Vermutlich hat sie der amerikanische Theologe Reinhold Niebuhr verfasst. In der Übersetzung lautet sie:

> Gott, gib mir die Gelassenheit, Dinge hinzunehmen,
> die ich nicht ändern kann,
> den Mut, Dinge zu ändern, die ich ändern kann,
> und die Weisheit, das eine vom anderen zu
> unterscheiden.

Was konnte Stefan Tiefenbacher ändern? Er hat das Saxo-
fonspiel neu erlernt. Griff für Griff. Seit dem Unfall kann
er keine Noten mehr lesen. Mit seiner Band gibt er Konzerte, zum Beispiel als Botschafter der Hannelore-Kohl-
Stiftung, die sich für Unfallopfer mit Schäden des Zentra-

len Nervensystems einsetzt. »Ich tue mich manchmal schwer damit, beim Sprechen gleich die richtigen Worte zu finden, doch den richtigen Ton auf meinem Instrument finde ich immer.« Neulich hat er Aufnahmen von sich aus der Zeit vor dem Unfall gehört. »Meine Saxofonstimme ist voller und wärmer geworden. Ich habe einen besseren Sound als früher, gehe mehr rein. Ich schöpfe tiefer. Der Unfall hat mir meine Vergangenheit genommen, aber nicht meine Zukunft.«

Stefan Tiefenbacher hat in zweierlei Hinsicht den Wechsel der Perspektive vollzogen: Erstens, indem er nach vorne schaut, nicht nach hinten. Und zweitens, indem er von sich selbst absieht und hin zu seinem unbekannten Gegenüber. Ich glaube, in dem Punkt geht es ihm ähnlich wie Gisela Mayer, der es ebenfalls gelungen ist, sich in den Täter hineinzuversetzen. Meine Hochachtung haben die beiden.

In anderer Hinsicht hat Stefan Tiefenbacher das Gegenteil dessen getan, was Gisela Mayer so wichtig war: Er hat darauf verzichtet, mehr über den Menschen zu erfahren, der ihm so großen Schaden zugefügt hat. Warum ist das passiert, was hat den anderen geritten, warum hat er nicht besser aufgepasst? Was ist er für ein Mensch, was bewegt ihn, was interessiert ihn? Wie steht er zu dem Unfall, zu seiner Verantwortung, seiner Schuld? Stefan Tiefenbacher verzichtet darauf, all diese Fragezeichen ausradieren zu wollen. Stattdessen lässt er sie einfach stehen. Vielleicht liegt es daran, dass er ahnt: Es ist besser so für ihn. Er will nicht daran rühren, will keine Wunden neu öffnen, neu und ohne Not. Er verzichtet darauf dem Täter zuliebe – und sich selbst. Vielleicht ahnt er, dass hinter den möglichen Antworten ein gewaltiger Schmerz lauern könnte. War der Unfall Folge puren Leichtsinns? Ich jedenfalls wäre dann, wenn weit und breit kein triftiger Grund zu erkennen ist, nichts außer einem monströsen Versehen, einem Fehler mit tragischen Folgen, nur umso wütender. Und ich bewundere Stefan Tiefenbacher dafür, dass er das nicht ist. Dass er es schafft, es dabei bewenden zu lassen.

7

»Der Satz hat mich drei Meter größer werden lassen«

Martian Frason hingegen wollte alles ganz genau wissen. Sie verbringt vor Jahren, im Alter von 14, einen entspannten Sonntagnachmittag. Als die Eltern, müde von der Arbeit in der Landwirtschaft, schlafen, stöbert sie ein bisschen in alten Unterlagen. Fotoalben kommen zum Vorschein, Zeugnisse, Hochzeitsfotos. Und eine Dokumentenmappe, auf dessen Deckblatt steht: »Ausfertigung der Urkunde des Notars Dr. X«, darunter das Ausstellungsdatum, der Vorname »Martina« und ein ihr unbekannter Nachname sowie ihre damalige Adresse. Sie blättert weiter, liest: »Die Eheleute … nehmen Martina … an Kindes statt an.« Etwa zehn Minuten lang hat sie Zeit, sich einen Reim auf das zu machen: Hatten ihre Eltern schon mal eine Martina? Habe ich eine Schwester gleichen Namens? Ist die gestorben? Lauter Hypothesen, mit deren Hilfe sie den Gedanken zurückzudrängen versucht: Was, wenn ich das bin?

In dem Moment kommt ihre Mutter die Treppe runter. Martina wischt sich schnell die Tränen aus dem Gesicht. »Was hast du denn?« »Ich hab die Papiere gefunden.« »Weißt du es jetzt also.« Martina Frasons Mutter und Vater sind nicht ihre leiblichen Eltern. Als sie acht Monate alt war, ist sie adoptiert worden. Erst mit 14 erfuhr sie es.

Die Natur des Ereignisses spielt eine wichtige Rolle fürs Verzeihen. Für Stefan Tiefenbacher ist es ein Trost, dass der Unfallverursacher »nicht mit Absicht« gehandelt hat. Bei Gisela Mayer war es anders: Der Mörder ihrer Tochter hat bewusst gehandelt. Doch sie hat, je mehr sie sich mit Timm beschäftigte, desto stärker seine Verzweiflung erkannt, und dahinter sein Menschsein entdeckt, sein zutiefst verletzte Seele. Was ist mit Menschen, die unter etwas leiden, das nicht eindeutig schlecht oder böse ist? Kein Verbrechen, sondern eine Handlung, für dessen Gründe man Respekt haben, die man sogar nachvollziehbar finden kann? Wenn eben eine Mutter entscheidet, dass sie sich nicht um ihr Kind kümmern kann, und vielleicht sogar gute Gründe dafür hat. Oder wenn sie es schlicht nicht möchte. Kann man Verantwortung für ein junges Leben übernehmen, indem man diese Verantwortung an andere delegiert? Und: Was löst das in der Adoptierten aus? Und was sollten die Adoptierenden tun? Kann man gut handeln, weil man Verantwortung übernimmt, und trotzdem nicht richtig liegen, weil man wie Frasons Adoptiveltern nicht die Wahrheit sagt?

Martina Frason helfen diese Fragen erst einmal nicht. Seit jenem Sonntagnachmittag fühlte sie sich hinters Licht geführt, und zwar doppelt: durch die Adoption und dadurch, dass man sie ihr verheimlicht hatte. »Sie haben mich zwar nie belogen, aber verschwiegen haben sie es.« Nannten sie »unsere Martina«, »unser Kind« und meinten es auch so, aber im Nachhinein klang das irgendwie fragwürdig. »In erster Linie war ich enttäuscht.« »Sie beschützen mich, sie lieben mich, wieso verschaukeln die mich?« Sie fühlte sich leer, »Ich fand mich nicht mehr, stand irgendwo im Raum und fragte mich: Wo kommst du her?«

Dann die Frage: Warum habt ihr es mir nicht gesagt? Weil sie wollten, dass sie ihren Kopf frei behält, ein gutes Abitur macht, sagt die Mama. Der Papa sagt generell recht wenig, hält sich raus. Heute macht sie ihren Adoptiveltern keine Vorwürfe. »Ich bin voller Liebe, mit Ehrlichkeit und Vertrauen großgezogen worden.« Und, vor allem: Damals entscheidet sie sich, die Sache erst einmal auf sich beruhen zu lassen. Ein wenig Stefan Tiefenbacher, am Anfang zumindest.

Die Jahre vergehen. Martina Frason heiratet, das Paar bekommt zwei Kinder, übernimmt den Hofladen und die Gärtnerei ihrer Eltern, das Leben geht seinen Gang, viele Jahre lang. Bis sie mit Ende dreißig zusammenbricht, ohne Vorwarnung. Kalter und heißer Schweiß auf Stirn und Händen. Ihr ist schlecht, sie zittert, sie kann sich nicht aufrecht halten. Ihr ist, als fahre ihr jemand von hinten über die Wirbelsäule und den Kopf und sauge sie dabei aus. Martina Frason fühlt sich wie ein Monster in einem Psychofilm. Wenn sie geht, ist ihr, als schwimme der Boden unter ihren Füßen. Als hänge sie darüber wie an einem Bungeeseil. Als schwimme ihr Gehirn in Wasser herum. Ein, zwei Tage fühlt sie sich dem Wahnsinn nahe, aber auch später ist sie nicht mehr die Alte. Sie fühlt sich niedergeschlagen, es fällt ihr schwer, Auto zu fahren, sie ist traurig, antriebslos, kommt morgens kaum aus dem Bett. Die Ärzte diagnostizieren: Blut ok, Kopf, ok, Herz ok. Bis einer nachfragt: Herz ok, stimmt das? Gibt es in Ihrer Vita etwas, was Sie belastet? »Machen Sie sich auf die Suche.« Aber wonach?

Seltsam, denkt sie, es stimmt doch alles: gute Ehe, gesunde Kinder, und der Laden brummt, wenn auch aufgrund von zu viel Arbeit. Eher nebenbei erwähnt sie schließlich, dass sie adoptiert ist. »Machen Sie sich auf die Suche nach Ihrer leiblichen Mutter«, sagt der Arzt, und als seine störrische Patientin das überhaupt nicht so sieht – keine Zeit, keine Lust, nicht so wichtig – , appelliert er an ihr Verantwortungsbewusstsein: »Tun Sie es um der Kinder willen.« »Wieso, es geht doch um mich«, erwiderte Frason. »Genau«, sagte der Arzt. »Die Kinder brauchen Sie.« Und die Mama, also die echte, also die Adoptivmutter? Wie würde die das verkraften? »Sie sind erwachsen, Sie müssen die Mutter nicht um Erlaubnis fragen. Sie können sie einfach informieren.«

Wieder zu Hause, spricht sie mit ihrem Mann darüber. Der, ein Pragmatiker vor dem Herrn, schwer aus dem Gleichgewicht zu bringen, sagt: »Ja, dann hol doch mal den Adoptionsvertrag raus aus dem Büro, such mal die Nummer vom Jugendamt und frag doch mal nach.« »Wow«, denkt seine Frau, und: »Wie jetzt, einfach so?«

Von wegen einfach so. Ihre Adoptivmutter hat ihr immer geraten, lieber nicht ins Feuer zu fassen. Martina Frason will sie nicht verletzen durch ihre Suche nach der leiblichen Mutter. »Da saß ich nun mit meinem Seelenproblem, dem Rat des Arztes, dem Vorschlag meines Mannes und meiner Mutter, und ich mitten drin.« Immerhin, ihre Kinder, damals sechs und zehn Jahre alt, wissen bereits von der Adoption, eine Baustelle weniger. Aber immer noch ist alles kompliziert genug. Gleichzeitig hat sie die Neugier gepackt. Wer ist die Frau, die sie auf die Welt gebracht hat? Die sie weggegeben hat? »Ich habe sie mir vorgestellt als jemand Eiskaltes.«

Sie spricht wieder mit dem Pragmatiker, der ihr Mann ist. Der stellt klar: »Ich hab keine Lust, das so kompliziert zu machen.« Sagt es und geht auf den Hof, wo Frasons Mutter steht, und gibt ihr Bescheid: Deine Tochter will ihre Mama kennenlernen. Und die Mutter, statt tief getroffen zu sein, winkt ihre Tochter mit dem Zeigefinger her. »Ach du Schande«, denkt die, und kommt mit Tränen in den Augen angeschlichen. Ihre Mama sagt auf Kölsch: »Warum sässte mir dat denn ned, du kannst doch de Mutter söke, ist doch überhaupt kenn Problem.«

Kein Problem also – aber auch keine Ausrede mehr. Eine Stunde später ruft Martina Frason beim Jugendamt an, wo ihre Akten von damals schlummern. Zur Zeit ihrer Adoption war, anders als heute, keine Kontaktaufnahme zwischen den leiblichen Eltern und Kindern vorgesehen. Die Beziehung sollte von vornherein unterbunden werden. Frason aber lässt nicht locker. Spricht mit Beamten, die die Adoption damals betreut haben. Wie genau sie dann die Kontaktdaten zu ihrer leiblichen Mutter bekommen hat, mag sie nicht sagen.

Die Möglichkeit eines Treffens ist plötzlich da und Martina Frason malt sich ihre leibliche Mutter aus: Alter, Aussehen, Zustand. Ist sie verkracht, glücklich, mit Partner oder allein? »Ich hab sie mir vorgestellt wie in einem Märchen, irgendwie... unangetastet. Ich hatte mir eine gepflegte Frau mit Dutt vorgestellt, ein, zwei heraushängende Strähnchen vielleicht, liebevoll und herzlich, schlank und vital. Warum auch immer«, und als sie das erzählt, scheint ihr gar nicht aufzufallen, wie widersprüchlich ihre Vorstellung von ihrer Mutter ist: eiskalt und liebevoll. Es ist das, womit die Phantasie sich ausmalt, was ihr Wissen nicht hergibt. Denn die Phantasie ist nicht besonders gut darin, offene Fragen einfach unbeantwortet zu lassen – das ist einfach nicht ihr Job.

Da war zum Beispiel eine ältere Stammkundin an einem Wochenmarkt in Köln, die könnte es doch sein. Gepflegte Erscheinung, braune Haare, grüne Augen, relativ klein, mit eindringlichem Blick aus traurigem, schwermütigem Gesicht, das Frason zu sagen schien: »Ach, könnt ich dirs doch sagen…« Frason wurde unruhig, wenn sie mal eine Woche ausblieb. Sie stellte sie sich vor, wie sie in einem Vorort in einem Einfamilienhaus wohnte, wie sie es liebte, in ihrem Gärtchen zu arbeiten. Wie ihr der liebe Gott einen neuen Partner geschenkt hat, wie sie ein Leben frei von finanziellen Sorgen lebte. »Ich war frei von Hass. Ich stellte mir vor, wie ich im Herzen immer bei ihr war.« Fast wie ein Schutzengel sei sie gewesen, der Gedanke an sie wie ein Kuscheltier, das man mit ins Bett nahm. Aber Frason traute sich nie, die Dame anzusprechen.

Aber Frason gibt sich nicht zufrieden mit dieser Phantasie. Sie will sich nichts ausmalen, was sie auch wissen kann. Eines Abends sitzt sie mit ihrer Adoptivmama am Küchentisch, darauf das Telefon, Lautsprecher eingeschaltet, Puls rast, soll sie wirklich? Die Mutter: »Ja, was soll dir denn passieren, ich bin doch da, mach voran, mach voran, lass uns hören, wer rangeht.« Frason wählt die Nummer.

Ein Klacken in der Leitung. Es meldet sich, nennen wir sie: Franziska Bull. Gelassen im Tonfall, kühl. Frason stellt sich vor, liest aus den Dokumenten vor: ausfertigende Behörde, Ort, Datum, Unterschrift. Bull: »Es interessiert mich nicht.« Als ob die Frage wäre, ob sie das interessiert. »Mir kam es vor, als hätte sie seit 40 Jahren einen Zettel neben ihrem Telefon liegen, auf dem steht: ›Es interessiert mich nicht.‹«

Das trifft sie. Klarzukommen mit diesem unbeteiligten Ton. »Ich hätte mit allem gerechnet – Wut, Weinen, Verzweiflung, zitternde Stimme – aber nicht mit dieser unsagbaren Gelassenheit! Wenn sich ein Kunde bei mir darüber beschwert, dass unsere Erdbeeren schlecht sind, hab ich mehr Leben in meiner Stimme als sie, wenn sich das leibliche Kind nach 40 Jahren bei ihr meldet.«

Sie ist soeben zum zweiten Mal zurückgewiesen worden. Und sie hat keine Antworten bekommen: »Wie bin ich entstanden? War es ein One-Night-Stand, bin ich ein Kind der Liebe? Wer ist der Vater?« Und dann passiert in ihr etwas, was sie sehr überrascht: »Ich war sehr verletzt. Aber auch – ansatzweise glücklich.« Denn neben der Enttäuschung darüber, was sie nicht fragen konnte und nicht erfahren hat, macht sich in ihrem Kopf der Gedanke breit: Sie ist es! Ich hab ihre Stimme gehört! Du hast sie gefunden! »Es war wie bei den Vögeln, wenn sie im Nest ihre Jungen zwitschern hören: Sie mögen sie nicht annehmen, aber sie erkennen sie doch.«

Sie schreibt ihrer Mutter einen Brief. In blauer Tinte steht darin: »Liebe Franziska (Pseudonym, Anm. d. Autors), lange habe ich überlegt, wie ich diesen Brief, dessen Schreiben ich kaum abwarten konnte, beginnen soll. Sehr unschlüssig war ich mir, ob ich »Du« oder »Sie« sagen soll. Doch um nicht mit der Tür ins Haus zu fallen, beginne ich vorsichtig.

Viele Jahre habe ich durch die wunderbare Obhut in meiner Familie nie das Verlangen verspürt, nach Dir (siehst Du, ich wollte »nach Ihnen« schreiben!) zu suchen. Nun verzeihe mir, wenn ich beim »Du« bleibe, obwohl ich erst in späteren Sätzen damit beginnen wollte.«

Als sie mir den Brief zeigt, wundere ich mich, wie vorsichtig, beinahe schon unterwürfig sich Martina Frason an Franziska wendet. Ich denke mir: Sie hat dich in die Welt gesetzt, verdammt nochmal, und jetzt willst du wissen, wer sie ist, will ich ihr sagen. Dass sie ein Recht darauf hat, ein moralisches. Kein Mensch auf der Welt hat sich aus freien Stücken dazu entschlossen, auf die Welt zu kommen, es handelt sich um ein Werk der Eltern, und diese haben die verdammte Pflicht, sich anschließend um das Menschenkind zu kümmern, und wenn sie dieser Pflicht – warum auch immer – nicht nachkommen, müssen sie wenigstens dafür Rede und Antwort stehen. Ich vermisse, das wird mir erst nach dem Gespräch mit Martina Frason klar, eines: Wut.

Stattdessen geht es weiter in dem Brief mit Rücksicht, Vorsicht, Nachsicht: »Niemanden möchte ich verletzen oder kränken. Und schon gar nicht möchte ich Dein Leben trüben – im Gegenteil: Ich hoffe, dass Du meine Worte liest und Du daraus erkennst, dass ich Dich schützen möchte und Dich einfach nur – und wenn nur für einmalige fünf Minuten in meinem Leben – einmal sehen möchte. Sonst nichts! Bitte hab keine Angst, bitte öffne Dich – mein Herz verlangt nach Dir – nur für einmal! Bitte!«

Als keine Antwort kommt, beschließen Frason und ihr Mann, im Auto zu ihr zu fahren. Vor der Tür stehend, bückt sich Frason zum Briefschlitz in der Tür und will anschließend gleich kehrt machen. Da drückt ihr Mann die Klingel, spontan, unabgesprochen, und sagt schmunzelnd-lapidar: »Du gibst eh keine Ruh, bis du sie gesehen hast. Meinst du, ich fahr nochmal so weit mit dem Auto?«

Ihr Herz rast. »Ich schimpf ihn an, was fällt ihm ein?« Ein, zwei, vier, fünf Minuten vergehen. Die Tür geht auf, ein Mann kommt raus. Ein älterer Herr schaut sie mit großen Augen an, sie nennt den Namen der Frau, die ich sehen möchte, er dreht sich um und ruft sie. »Uns tritt eine gebückte Frau entgegen. Keine Oma, wie ich sie mir vorgestellt hatte, so mit nachlässig-liebevoll nach oben gestecktem Haar, eher eine vom Leben gezeichnete, verbitterte ältere Frau. Ich erkannte mich in ihr überhaupt nicht wieder.«

Der Mann fragt: »Wer ist die Frau?«, und Franziska Bull antwortet: »Das ist meine Tochter.«

»Der Satz hat mich drei Meter größer werden lassen.«

Franziska Bull blättert den Brief durch, sieben handschriftliche Seiten, dazu zehn Fotos ihrer Tochter und ihres Enkelkindes, Bull ist stumm, wirkt genau so unbeteiligt wie am Telefon, und Frason denkt abermals: Das darf nicht wahr sein, da muss doch irgend eine Regung sein, wenn man ein Baby abgegeben hat und die Frau, die 40 Jahre später draus geworden ist, wiedersieht.« Der Mann ist einen Schritt zurück getreten, er schaut argwöhnisch.

»Hast du fünf oder zehn Minuten Zeit?«, fragt Frason. »Mehr möchte ich nicht, dann können wir die ganze Geschichte wieder zumachen, und das war's für dieses Leben.« Sie schaut auf, schaut ihr in die Augen. »Und da sah ich genau meine Augen: Die Farbe, den Ausdruck, das haute mir fast die Füße weg«, und dann sagt sie: »Nein.« »Wirklich nicht mal fünf Minuten?« »Nein.« Und dann schiebt Bull die Tür zu, langsam und bewusst.

Die Frasons gehen zurück zum Auto, als der Mann nochmal herauskommt, aufgebracht. Er hat den Brief in der Hand. Martina Frason rennt zu ihm, nimmt ihm den Brief aus der Hand, bevor er ihn zu Boden wirft, murmelt etwas von »Danke. Entschuldigung. Auf Wiedersehen« und läuft zurück zum Auto. Der Mann läuft wutschnaubend hinter dem Auto her. Martina Frason schaut ihren Mann an, ziemlich überfordert. Der schaut zurück, schmunzelnd, nach dem Motto: Was hast du erwartet?

Im Auto der Gedanke: Was hat sich in den Minuten abgespielt, als ihre Mutter hinter der Tür verschwunden und bevor ihr Partner herausgekommen ist? Gab es eine Regung? Dann dazu: Kann einem ein Gedanke langsam durch den Kopf schießen? Denn so muss es gewesen sein. So etwas wie ein Gedankenblitz, der sich in Zeitlupe breitmacht und von dort weg im Körper, in der Seele, in Erinnerung und Phantasie, ein Gedanke, der alles umstürzt: Der Gedanke vom Glück, adoptiert worden zu sein.

Und plötzlich, also mit der Zeit, sieht sie alles viel gnädiger. Aus der Geschichte einer Ablehnung wird die einer Rettung. Die Kälte, die ihre Mutter am Telefon und später an der Haustür herübergeschickt hat, entsetzt Frason nicht mehr – denn dieser Kälte ist sie damals ja entronnen. Es macht sie eher, nun ja, dankbar.

Klar gibt es Fragen, die bleiben: Warum genau wurde sie damals abgegeben? Das ist bis heute ungeklärt. Aber die Vermutungen, über die Frason nicht so gerne redet, kann sie stehen lassen, tun nicht mehr weh. Ihre Mutter lebte noch etwa vier Jahre. Sie haben ab und an noch miteinander telefoniert. Was machen die Knie, wie geht's den Kindern, wie ist das Wetter bei euch? Tiefer gingen die Gespräche nicht, aber das fand Frason okay.

Frason weiß, was sie wissen muss, denn sie hat einen Blick auf ihr Leben, wie es auch gelaufen sein könnte. Aus Wut über die Zurückweisung wird Dankbarkeit, und zwar nicht nur gegenüber ihren Adoptiveltern, sondern auch gegenüber ihrer leiblichen Mutter, die vielleicht wusste: Bei mir wirst du es nicht gut haben, Kind. Und so entwickelt Frason einen liebevollen Blick auf die Frau, die damals getan hat, was sie tat. Nicht sofort danach, nicht schon im Auto, sondern mit den Jahren, und auch jetzt, während wir beisammen sitzen, Jahre später.

Später, das der Vollständigkeit halber, macht sie auch noch ihren leiblichen Vater ausfindig, einen Italiener, der aus allen Wolken fällt, als er erfährt, dass er eine leibliche Tochter in Deutschland hat – Franziska hatte ihm das angeblich nicht gesagt. Seine jetzige Frau und ihre gemeinsamen Kinder sind übrigens auch sehr überrascht, um es vorsichtig auszudrücken, aber sie freuen sich schließlich sehr über den unverhofften Familienzuwachs. Die Suche nach ihrem Vater hat Martina Frason weitaus weniger zu schaffen gemacht. Als sie ihn zum ersten Mal sieht, freut sie sich, was für ein schöner Mann er ist, groß, kräftig, strahlend blaue Augen, dunkler Teint – »italienische Crema«.

Martina Frason und ich sitzen im Garten ihres Hauses in Delhoven, etwa 30 Kilometer nordwestlich von Köln. Sie hat ihre Geschichte in ihrem Buch »Matschefüße« verarbeitet. Nachdem wir einige Male telefoniert haben, besuche ich sie dort. Vögel zwitschern, der Hofhund schmiegt sich an meine Füße, eine Libelle flirrt über den Teich, drum herum scharwenzelt eine Bachstelze, und ich frage mich: Und jetzt? Löst sich Martina Frasons Konflikt in Luft auf, beziehungsweise in den Gedanken, dass ihre leibliche Mutter verantwortungsvoll gehandelt hat, als sie ihre Tochter zur Adoption gab? Musste Martina Frason gar nicht zu verzeihen lernen, weil es nichts zu verzeihen gab? Wenn ja, dann freut mich das für sie, aber es bringt mich im Nachdenken nicht weiter. Ende gut, alles gut – ganz so einfach ist es ja nicht. Schließlich hätte ihr bisherige Lebensweg auch viel unglücklicher laufen können.

Mal allgemein gefragt: Welche Rolle spielen eigentlich diejenigen, die verantwortlich sind für den jeweiligen Einschnitt ins Leben der Menschen, die ich getroffen habe? Sie alle haben sich auf sehr unterschiedliche Art mit dem jeweiligen Täter beziehungsweise den Beteiligten auseinandergesetzt. Sie plastisch werden zu lassen, war ihnen unterschiedlich wichtig: Für Gisela Mayer rückte er erst nach geraumer Zeit überhaupt erst in den Fokus, während Martina Frasons Gedanken nahezu permanent um ihre leibliche Mutter kreisten (für die »Täter« freilich das vollkommen falsche Wort ist). Maria Kowalski schiebt die Tatsache, dass es ihr Mann war, der sie vergewaltigt hat, auf dessen Drogenkonsum und sagt: »Das war nicht er.« Und Yaël Chernobroda reiste nach Jenin, um die Familie des Mannes kennenzulernen, der ihren Ehemann ermordet hat. So unterschiedlich diese Wege sind, ist ihnen der hohe Stellenwert gemein, den der Täter einnimmt.

Die einzige Ausnahme ist Stefan Tiefenbacher. Er hat mir gezeigt, dass es kein Naturgesetz ist, sich für den Menschen zu interessieren, der einem Leid zugefügt hat. Das war mir bis dato gar nicht in den Sinn gekommen. Stefan hat keine starken Gefühle ihm gegenüber – das klingt in meinen Ohren sehr rational. Ich glaube ihm, dass es ihm so geht. Ich finde es nur schwer, es mir vorzustellen. Als könne man einfach beschließen, keinen Groll zu hegen, keine Bitterkeit, Wut, Feindschaft zu empfinden. Dass Stefan nichts davon in sich vorfindet, das finde ich bewundernswert, aber es macht mich ratlos. Ich frage mich, was diejenigen tun sollen, die nicht wissen, wohin mit ihren Gefühlen, dem Schmerz, dem Hass, der Trauer. Die Trauer auch um ein Leben, das Stefan nicht so leben konnte, wie er das wollte. Ich beginne, über das höchst eigenartige Verhältnis zwischen Verantwortlichem und Leidtragendem (um die Begriffe »Täter« und »Opfer« zu vermeiden) nachzudenken.

8

»So lange du auch nur
einem Menschen nicht
verzeihst, bist du nicht frei«

W ährend meiner Grübeleien lese ich ein älteres Portrait im *Spiegel.* »Vergebung für einen Teufel« heißt es. Effektheischender Titel. Es geht um Eva Mozes Kor, die zusammen mit ihrer Zwillingsschwester Miriam Auschwitz überlebt hat. Die beiden wurden von dem Arzt Josef Mengele missbraucht und überlebten. Miriam ist inzwischen verstorben, aber Eva Kor lebt noch, in einer Kleinstadt in Indiana, USA. Sie hat sich dazu durchgerungen, den Menschen zu vergeben, die sie einst gequält und ihre Familie ermordet haben. Und zwar allen. Mir sträuben sich die Nackenhaare. Und deshalb geht mir Eva Kor auch nicht mehr aus dem Sinn. Ich will sie kennenlernen. Ich erfahre, dass sie in Terre Haute lebt, einer Kleinstadt in Indiana, wo sie ein Museum über den Holocaust aufgebaut hat. Und dass sie fast jedes Jahr mit einer Besuchergruppe nach Auschwitz reist. Ich fasse den Plan, sie dort zu besuchen.

Als ich einige Monate später in einem Auto sitze und von Krakau nach Auschwitz fahre, frage ich mich zum ersten Mal, ob es eine gute Idee ist, über Eva Kor zu schreiben. Die Straße führt vorbei an Baumärkten, Weiden, Bäumen, Gras, Alkoholläden, Straßenlampen, Kreisverkehren. All das erscheint mir zu vertraut und zu profan. Der polnische Radiosender spielt Phil Collins' alten Hit »Another Day in Paradise«, der mich plötzlich wütend macht. Pseudosozialkritischer Kitsch in Moll, wohlproduzierter, wohlfeiler, wohldosierter wohlfühlpessimistischer Sozialkitsch, der niemandem weh tut und niemandem hilft und wirklich vollkommen fehl am Platz ist jetzt, wo parallel zur Straße,

gleich hinter den Bäumen, jetzt auch noch Bahngleise ver-
laufen und ich mich frage, wer wohl schon auf ihnen gefahren ist, wo genau die Abzweigung ist, die nach Auschwitz führt, und dann fällt mir auch noch das Wort vom
»toten Gleis« ein, Klischeemetapher, auch fehl am Platz.
Das ist noch nicht einmal der Beginn meiner Zeit mit Eva
Kor in Auschwitz, diesem Ort, wo ich mich ständig fehl
am Platz fühlen werde. Der ganze Ort scheint mir fehl am
Platz. Dort vorne steht das grüne Ortsschild, Oświęcim
steht darauf, wenig später taucht das Backsteinmaul auf,
durch das die Gleise führen. Vom Parkplatz gehe ich auf
das Tor des Lagers Auschwitz II zu, längst ikonisch, von
Fotos und Filmen her ist es mir erhabener, bedrohlicher
in Erinnerung als jetzt, ein paar hundert Meter davor,
doch mit jedem Schritt, den ich darauf zugehe, immer
den Gleisen nach, scheint es größer zu werden.

In einem Halbkreis steht eine Besuchergruppe, davor
eine kleine, alte Frau, hinter ihr eine Rampe. Es ist Eva
Kor. Ich habe so viel über sie gelesen, jetzt steht sie da, auf
Krücken, aber so aufrecht, wie sie es eben vermag, in dem
Alter, an diesem Ort. Sie hält einen Zettel in der Hand.
Was sie daraus vorliest, vermag man erst zu ermessen,
wenn man ihre Geschichte kennt.

Im Frühjahr 1944 war sie zum ersten Mal hier, zehn
Jahre alt. Sie stieg aus einem Viehwaggon aus, wie hinter
ihr einer steht, auf Gleisen, die ein paar Meter weiter hinten vor den Ruinen der Gaskammern enden. Mit dabei
waren Vater Alexander, Mutter Jaffa, die zwei älteren
Schwestern Edit und Aliz und Kors Zwillingsschwester

Miriam, elf Jahre alt. Ihre Mutter hielt Eva und Miriam an der Hand, als sie auf die Plattform gingen. Plötzlich waren ihr Vater und ihre beiden älteren Schwestern verschwunden. »Ich habe keinen von ihnen je wiedergesehen.« Ein SS-Mann schrie: »Zwillinge! Zwillinge!« Ob sie Zwillinge seien, herrschte er die Mutter an. »Ist das gut?«, fragte die. Er nickte. »Ja, sie sind Zwillinge.« Er zog sie weg von ihrer Mutter, sie schrien und flehten. »Ich erinnere mich, wie ich zurückschaue und die ausgestreckten Arme meiner Mutter sah.« Das war ihr letzter Blick auf ihre Mutter. »Miriam und ich hatten keine Familie mehr.«

SS-Männer mit Gewehren umzingelten sie. Sie kamen in die »Zwillingsbaracke«, einen ehemaligen Pferdestall, als Versuchsmenschen des Dr. Mengele und seiner Kollegen. Innen etwa 25 Meter lang, dreistöckige Kojen, darauf Strohmatten, darauf 200 bis 500 Kinder. Läuse, Flöhe, Ratten.

Miriam und Eva aßen kein Brot, nicht an diesem Tag und auch nicht an den drei anderen. Weil es nicht koscher war. Nur war das nicht durchzuhalten, wenn sie überleben wollten. Sie mussten es essen. Jetzt war das Problem die Aufbewahrung. Nachts liefen sie Gefahr, dass die Ratten das Brot fraßen. »Daher bestand meine wichtigste Entscheidung abends darin, mich zu fragen: Will ich jetzt alles aufessen oder etwas verstecken und damit das Risiko eingehen, dass die Ratten es finden?«

Noch vorher, am ersten Tag im Lager, standen in der Nähe andere Gefangene. Eine von ihnen löste sich, ging auf die Kinder zu, ein Wachmann rief »Fass!« zu seinen zwei Schäferhunden. »Sie rannten auf die Quertreiberin zu und verbissen sich in ihr. Sie zerfetzten sie buchstäblich vor unseren Augen.« Die Zwillinge bekamen anschließend die Haare geschoren, mussten sich duschen, ihre Kleidung wurde desinfiziert. »Vier Leute mussten mich festhalten, während sie die Spitze eines Geräts, das an einen Füllfederhalter erinnerte, über offener Flamme erhitzten und in blaue Tinte tauchten. Dann hielten sie die heiße Nadel an mein Fleisch und begannen meine Registrierungsnummer in die Außenseite meines linken Armes zu brennen: A-7063. Ich drehte mich hin und her und zappelte so sehr, dass sie es nicht schafften, mich vollständig still zu halten. Durch meine Gegenwehr wurden die Ziffern auf meinem Arm unscharf.«

Miriam und Eva gingen abends auf die Latrine am Ende der Baracke. Auf dem Boden lagen dort die Leichen dreier Kinder. »Dieses Bild trage ich bis heute in mir. Es ist unverändert so deutlich wie in jener Nacht. Und es mag teilweise verantwortlich sein für das, was ich heute bin. Denn an diesem Ort, in diesem Moment, legte ich ein stummes Gelübde ab, alles in meiner Macht Stehende zu tun, damit Miriam und ich nicht wie diese Kinder enden würden.« Das alles am ersten Tag.

»An den ersten beiden Tagen weinten Miriam und ich pausenlos. Bald aber merkten wir, dass uns das Weinen kein bisschen weiterhelfen würde.« So schrieb Eva Kor es Jahre nach unserer Begegnung mithilfe des Journalisten Guido Eckert in dem Buch »Die Macht des Vergebens« auf, aus dem ich hier ausführlich zitiere. Weitere Angaben und Zitate entstammen einem langen Gespräch, das ich am Tag nach unserem Besuch in Auschwitz in ihrem Hotel in Krakau geführt habe, und Videos über sie, die vor allem auf Youtube abrufbar sind. Fast überall betont Eva Mozes Kor einen Punkt ganz besonders: wie wichtig der Entschluss war, auf keinen Fall zu sterben. Zu verhindern, dass »Dr. Mengele und seine Helfer ihr Werk hier zu Ende führen werden.« Und der Beschluss, dass sie gemeinsam mit ihrer Schwester Miriam überleben werde.

Zu zweit zu sein war in diesen Wochen überlebenswichtig für sie. Für Trauer um ihre beiden Schwestern und ihre Eltern blieb kein Platz. »Irgendein mentaler Schutzmechanismus, der mich davor bewahren sollte, vor Sehnsucht verrückt zu werden, verabschiedete meine Familie nahezu vollständig aus meiner Gedankenwelt.« Auch nicht für sich, auch nicht für Miriam durfte sie Mitleid empfinden. Sie sprachen kaum miteinander. »Wenn wir uns über das Schreckliche verständigt hätten, wären wir gestorben.«

Später, als die Erinnerung an ihre toten Eltern und Geschwister Platz in ihr forderte, löste der Gedanke an die Eltern übrigens zwiespältige Gefühle in Eva Kor aus – nicht nur Trauer und Schmerz waren da, sondern auch Bitterkeit. Denn die Eltern konnten ihre ureigenste Pflicht, ihre Kinder zu schützen, nicht erfüllen. Und: Sie hatten ihre Kinder angelogen, jedenfalls empfand ihre Tochter Eva das so. »Meine Eltern waren ja tatsächlich davon überzeugt gewesen, Hitler würde niemals in dieses kleine Dorf in der Provinz kommen, um sechs unbedeutende, unschuldige Juden zu schnappen. Also waren sie in ihrem Dorf geblieben.« Später, als sie Mutter zweier Kinder ist, wird sie schreiben, dass sie deren Fragen an die Welt stets wahrheitsgemäß beantworten werde: »Es ist ein Fehler, Kinder vor dem ›Ernst des Lebens‹ bewahren zu wollen, denn wenn der Spaß vorbei ist, dann ist es meist zu spät.«

Josef Mengele, den die beiden bald kennenlernen sollten, erschien ihr als vornehmer Mann. Die glänzenden Reitstiefel, die weißen Handschuhe, der Kommandostab, die SSler, die um ihn herumscharwenzelten. »In gewisser Weise war er unser Folterer und gleichzeitig unser Beschützer, denn solange er uns lebendig brauchte, durften wir leben. Jeder und jede Einzelne von uns hatte das nach wenigen Tagen verstanden.« Er nannte sie »meine Kinder«. Er verteilte Strumpfhosen an die Roma-Mädchen. »Er verlangte nach Bilderbuchkindern.« Manchmal brachte er Kekse und Schokolade für die Kleinsten mit. Mengele lächelte viel.

Wenn Kekse und Schokolade vorbei waren, mussten sich die Kinder nackt ausziehen. Sie wurden vermessen: Ohrläppchen, Nasenrücken, Lippen, Augen. »Sie verbrachten dabei drei bis vier Stunden mit einem Ohr.« Nadeln steckten in ihren Armen. »Ich sah Kinder, die erblindeten, weil Mengele mit Chemikalien ihre Augenfarbe verändern wollte. Ich sah Kinder, die verstümmelt wurden oder nach Kastration, Amputation, Organentnahme starben.« Wozu die Experimente dienten, wussten sie nicht. »Wir überließen ihnen unser Blut, unsere Körper, unseren Stolz, unsere Würde, und im Gegenzug ließen sie uns einen Tag länger leben.«

Mengele steht dabei, als seine Helfer Eva Kor eine Substanz spritzen. Eva Kor weiß bis heute nicht, was ihr und ihrer Schwester genau in diesen Wochen gespritzt worden ist. Mit hohem Fieber kommt sie eines Tages in den »Häftlingskrankenbau«, Block 21. »Was für ein Pech«, sagt Mengele am nächsten Morgen, vor ihr stehend, zu den anderen Ärzten. »Sie ist so jung und hat nur noch zwei Wochen zu leben.«

Eva Kor bekommt nichts mehr zu essen, zu trinken, geschweige denn Medikamente. »Weil sie die Leute zum Sterben herbringen oder sie von hier zum Sterben in die Gastkammer verfrachten«, erklärt ihr ein Häftling. Nacht für Nacht schleppt sie sich auf Händen und Füßen ans andere Ende der Baracke zu einem Wasserhahn. »Es war das Einzige, das mich überleben ließ: mein Wille. Und ein bisschen Glück – der Wille reicht oft nicht.« Ihre Schwester Miriam organisiert Brot für sie. Zwei Wochen später sinkt das Fieber.

Im Herbst 1944 enden die Experimente, Anfang 1945 werden die Baracken geräumt. Eva und Miriam bleiben. Sie organisieren gemeinsam mit anderen Nahrung. Unerwartet kommen Nazis zurück, schießen um sich, stecken ein Krematorium und das Lager mit den Kleidern, Decken und Schuhen, die sie den Gefangenen abgenommen hatten, in Brand. Die Soldaten zwingen die Häftlinge zum Aufbruch – und ziehen sich wenig später zurück. Ukrainische Soldaten der Roten Armee befreien schließlich

124

Auschwitz. Nach Stationen in einem Frauenkloster und bei einer überlebenden Mutter von Zwillingen kehren Miriam und Eva in ihr altes Dorf zurück. Das Haus war geplündert, ihre Tante Irena nimmt sie auf. Nachts träumt Eva von Ratten, groß wie Katzen, von Leichen und Spritzennadeln. Die Zwillinge besuchen nun ein Gymnasium. 1950 emigrieren sie schließlich nach Palästina.

»Erstmals, seit ich Auschwitz verlassen hatte, konnte ich nun ohne Albträume schlafen«, erinnert sich Eva Kor über die erste Zeit in Palästina. Sie lernt zu singen und zu tanzen, Kühe zu melken und »ich liebe dich« auf hebräisch zu sagen. In der Armee wird sie zur technischen Zeichnerin ausgebildet und bleibt acht Jahre lang. Und: Sie lernt einen amerikanischen Touristen kennen, Michael Kor heißt er. Zwei Wochen später heiraten die beiden. Er war der Sohn lettischer Juden und aus Buchenwald geflohen, amerikanische Truppen hatten ihn aufgenommen. Nach dem Krieg war er in eine Kleinstadt in Indiana gezogen, Terre Haute, wo sein US-Vorgesetzter her stammte.

Eva Kor zieht schließlich mit ihren Mann dorthin, in den Mittleren Westen. »Das Foltern und Morden, Dr. Mengele und seine Spießgesellen: Das alles verschwand – verdrängt, verräumt, versenkt im Irgendwo. Auch Michael sprach das Thema nie an. Beinahe so, als hätte es nie stattgefunden. Was für ein vorbildliches Opfer ich doch war.«

Der Rest war Schweigen, viele Jahre lang. Sie lebte inmitten von Menschen, die ihre Erfahrungen nicht teilten. Eva Kor sprach nicht, aber ihre Geschichte mit

Auschwitz ging weiter. Die Kors waren anders. Dieses Anderssein fiel auch ihren Kindern auf, Alex und Rina. »Warum haben wir keine Großeltern?«, fragte sie, und ihre Mutter antwortete: »Es gab einige böse Menschen, man nannte sie Nazis. Sie haben eure Großeltern umgebracht.«

Die Kors feierten nicht Weihnachten. Und an Halloween, wenn die Kinder aus Spaß Maiskörner an die Fensterscheiben warfen, dachte Eva Kor an Maschinengewehrsalven. Sie verjagte die Kinder. Die malten Hakenkreuze an die Hauswände. »Jedes Jahr am 31. Oktober sammelten sich Bilder aus der Vergangenheit.« Irgendwann schrieb sie einen Leserbrief an die Lokalzeitung: »Ich kann nicht mit den Streichen umgehen. Es katapultiert mich emotional zurück in eine dunkle Zeit, in der ich hilflos war.« Niemand schien das zu verstehen. Erst 1978, als die Serie »Holocaust« im US-Fernsehen lief, verstanden die Menschen. Auch für Eva Kor war die Serie wichtig, alte Erinnerungen kamen hoch. »Ich beschloss, mich Auschwitz zu stellen.« Sechs Jahre später gründet sie die Organisationen CANDLES – Children of Auschwitz Nazi Deadly Lab Experiments Survivors, in der Überlebende zusammenfinden; 1984 reist sie nach Auschwitz. »Nicht davonlaufen, sondern darauf zulaufen!« – daran hält sie sich bis heute. Und schließlich, endlich, beginnt Eva Kor öffentlich über Auschwitz zu sprechen.

Jahre später tut sie das immer noch, wie jetzt, während sie vor der Rampe steht, etwa ein Dutzend Besucher im Halbkreis vor ihr. Es sind US-Amerikaner jeden Alters.

Ein Mal im Jahr stellt sie eine Gruppe zusammen und reist mit ihr nach Auschwitz. Einige bitten Kor um Fotos. Zum Beispiel vor einem Viehwaggon. Jeder, der will, hat schließlich sein Foto. »It seems I'm out of work«, kommentiert Kor und lacht. In dem Moment kommen fünf Benediktinermönche des Wegs, wohl zwischen 30 und 40, sie sind asiatischer, europäischer, afrikanischer Abstammung. Sie verlangsamen ihren Gang, als sie die alte Dame sehen, bleiben schließlich stehen. Als Eva Kor sie wahrnimmt, geht sie auf sie zu. »Ihr seid Christen, stimm's?«, fragt sie, und als sie nicken, sagt sie: »Ich nicht. Ich bin Jüdin, wisst ihr. Ihr Christen habt's ja mit der Vergebung, ich weiß. Wir Juden eher nicht. Wir sind ›Altes Testament‹! Rache, Vergeltung, Gerechtigkeit! Aber ich nicht. Ich habe auch vergeben. Ich habe ihnen einfach allen vergeben!«, sagt sie und lächelt. Die Männer versuchen, zurückzulächeln. Ich glaube, sie wissen nicht recht, wie ihnen geschieht, wie sie das einordnen sollen. Ist das interreligiöser Dialog, ist das witzig oder ernst, schnodderig, wieso purzeln die Wahrnehmungsschablonen plötzlich so durcheinander?

So geht es öfter an diesem Tag. Zum Beispiel, als sie die Menschen auffordert, einen Freudentanz zu tanzen. Ja, hier, jetzt, vor der Rampe. Ein Rundtanz soll es werden, Hora heißt er, stammt wohl aus dem Balkan, die israelischen Einwanderer haben ihn lieb gewonnen. Zögernd hängen sich ein paar Jugendliche unter, ein Freudentanz an der Rampe soll es werden, die Gesichter der jungen Leute verraten die Anspannung, das Unwohlsein, die

Angst, etwas Ungehöriges, etwas Falsches zu tun. Tanzen sie auf Gräbern? Eva Kors Gesicht aber strahlt. Dann stimmt sie das hebräische »Hava Nagila« an, wo es heißt: Lasst uns glücklich sein, lasst uns singen und fröhlich sein, Erwachet, Brüder, mit einem glücklichen Herzen.

Für sie ist es ein Triumph, hier zu stehen, hier zu tanzen, ein Triumph über die Täter, und durchaus kein stiller, denn Tatsache ist, dass die Nazis nicht gewonnen haben, jedenfalls nicht ganz, nicht gegen sie. Sie haben das Shtetl Ost- und Zentraleuropas zerstört, sie haben Millionen ermordet, aber sie haben den Krieg verloren und auch ihr Ziel, das Judentum in Europa auszurotten, und niemand, wirklich niemand, kann sie daran hindern, hier und jetzt einen Freudentanz aufzuführen, auch nicht die Besucher mit den beklommenen Gesichtern rings herum: Dieser Ort ist ihr Ort, sie hat ihn sich nicht ausgesucht, aber sie hat ihn sich anverwandelt. Dass er ein Teil ihrer Biografie wurde, ein zentraler Teil, das hat sie sich nicht ausgesucht, und sie konnte sich auch nicht dagegen wehren, aber sie hat schließlich Ja dazu gesagt, und das war kein Nachgeben, kein Aufgeben, sondern ein souveräner Akt. Das ist es, was dieser Tanz, den ich beklommen beobachte, mir zu sagen hat. Und auch das: dass ihre Freude nichts damit zu tun hat, dass ihr Schmerz nicht grenzenlos ist, der Schmerz über Vater Alexander, Mutter Jaffa, die zwei älteren Schwestern Edit und Aliz, über all die Toten, sondern dass dieser Schmerz nicht das letzte Wort ist, dass die Geschichte weitergeht, die große Geschichte und ihre persönliche Geschichte.

Ehrlich gesagt, habe ich den vorangegangenen Absatz erst weit nach meinem Besuch in Auschwitz aufgeschrieben. Ich weiß noch recht genau, dass es mir vor Ort ganz anders zumute war. Alles dort schien mir deplatziert zu sein, nicht nur die amerikanischen Jugendlichen, die Selfies machen. »Excuse me, would you please?«, sagt eine junge Frau und hält mir ihr Handy hin. »Sure«, antworte ich. Ich warte, bis sie ihre Haare glatt gestrichen und sich entschieden hat, welches Gesicht sie aufsetzt. Sie wählt ein Lächeln. Ich knipse, im Hintergrund die Rampe im goldenen Schnitt. Deplatziert.

Mein Blick ging dorthin, wo die Holzbaracken standen, von denen nur mehr die Ruinen der gemauerten Schornsteine aus Backstein stehen. Der Rest ist Weite, sauber gegliederte Weite. Fläche, Ordnung, Struktur. Kein Foto, keine Beschreibung hatten mich auf den Maßstab vorbereitet.

Später an jenem Tag, im Bereich Auschwitz I, gehe ich durch Räume, in dem Berge von Brillen und Zahnbürsten aufgetürmt sind. Ich gehe durch eine provisorische Gaskammer, an einer Exekutionswand vorbei. Ich spreche wenig in diesen Tagen, ich bin damit beschäftigt, nichts zu verstehen.

Ich habe das Gefühl, leiser gehen zu müssen, mich nicht bewegen, die Augen niederschlagen zu sollen. Kein Recht zu haben, hier zu sein. Ich will nicht zu viel von mir schreiben. Es geht hier nicht um mich. Aber ich will, dass die Leser, wenn wir auf das Thema dieses Buches zu sprechen kommen, ahnen, von welcher Tragweite die Frage

»Wie geht Vergebung« ist, wenn man sie in Auschwitz stellt.

Wenn man Eva Mozes Kor damals, als sie ihr Leben in Terre Haute lebte, fragte, was ihr im Hinblick auf Auschwitz wirklich auf den Nägeln brennt, wäre ihr eher nicht »Vergebung« eingefallen, sondern etwas ganz Praktisches, Reelles: Sie wollte wissen, welche Substanz ihrer Schwester Miriam von Mengele und seinen Helfern gespritzt worden war, die dafür sorgte, dass ihre Nieren kaputt gingen? Irgendwann kam Kors pragmatische Art wieder einmal zum Tragen: Als es klar war, dass die entsprechenden Dokumente von damals vernichtet sind, musste sie sich selber auf den Weg zu Menschen machen, die ihr weiterhalfen.

Diese Recherche führte sie bis in die Allgäuer Berge, auf die Terrasse eines Hans Münch. Schon einmal hatten sich ihre Wege gekreuzt, 1944: Dr. Hans Münch, SS-Untersturmführer, Lagerarzt in Auschwitz. Und Eva Mozes Kor, Häftling Nr. A-7063.

Hans Münch, Mitglied des Nationalsozialistischen Deutschen Studentenbundes seit 1934 und NSDAP-Mitglied seit 1937, arbeitete ab 1943 in einem Außenlager von Auschwitz und wurde nach dessen Auflösung noch in Dachau eingesetzt, bevor er von den Amerikanern festgenommen und nach Polen ausgeliefert wurde. Im Auschwitz-Prozess von Krakau sprachen zahlreiche ehemalige Häftlinge wohlwollend über ihn. Zu seinen Gunsten wurde gewertet, dass er sich geweigert habe, sich an den Selektionen an der Rampe zu beteiligen. »Der Angeklagte Hans Münch war den Häftlingen gegenüber wohlwollend eingestellt, hat ihnen geholfen und sich selbst dadurch gefährdet«, so steht es im Urteil. Er wurde freigesprochen.

Das war auch Eva Kors Kenntnisstand, als sie ihn besuchte. Jahre später allerdings wurden Details seiner Tätigkeiten bekannt, die ihn als Mörder auswiesen. Der Journalist Bruno Schirra, der sich oft und lange mit ihm unterhalten hat, resümierte: »Ihre Opfer, das habe ich später gelernt, konnten nicht schlecht über Sie aussagen. Ihre Opfer waren tot.« In einem Beitrag für die Tageszeitung *Die Welt* spricht Schirra Münch direkt an: »Herr Doktor. Wir haben in dieser Nacht bis früh um fünf geredet. Sie haben gestanden, heiter und sehr gelassen haben Sie mich beobachtet, wenn ich die Tonbänder auswechselte. Die, auf denen Sie die Selektionen im Krankenbau gestanden haben, Ihre medizinischen Experimente, die Sache mit dem Menschenfleisch, das sie zur Bouillon verkochen ließen, um Nährböden für ihre nutzlosen Rheumaforschungen zu erzeugen. ›Ich konnte dort Versuche machen, die man sonst nur an Kaninchen machen kann.‹« Und noch ein Zitat Münchs bringt Schirra: »Die Juden sind die klügste Rasse der Welt. Neben der Arischen. Aber unsere Welt kann nun mal nicht zwei derartig kluge Rassen gleichzeitig ertragen.«

Eva Kor wusste davon nichts. Und ich glaube, sie will das auch gar nicht wissen, denn als ich sie auf antisemitische Aussagen Münchs anspreche, getätigt wenige Jahre vor seinem Tod, spricht sie von Alterserscheinungen und möglicher Senilität. Dass Eva Kor die Taten und Schuld

Münchs anscheinend nicht weiter interessieren, hat einen wichtigen Grund: Sie spielen für ihre Entscheidung, den Nazis zu verzeihen, keine Rolle.

An dem Tag, an dem Kor Münch in dessen Haus gegenübersitzt, sagt der, er wisse nichts Genaues darüber, was Miriam angetan worden ist. Schon ist Eva Kor enttäuscht. Dann fragt sie: »Haben Sie eigentlich die Vergasungen gesehen?« Münch macht sein Kreuz gerade. »Das ist der Alptraum, mit dem ich jeden Tag lebe.« Und er erzählt: Wie die Juden nackt in die Gaskammern gingen und warteten, bis Wasser aus den Duschköpfen kommen würde. Wie die Türen ins Schloss fielen und durch eine Luke in der Decke das Zyklon B geworfen wurde. Wie die Luft dünn wurde, unten zuerst. Wie er durch eine Sichtluke verfolgte, wie die Menschen aufeinandertrampelten, die Stärksten oben, die Toten unten. Wie er wartete, bis sich niemand mehr bewegte. Wie er dann die Todesurkunde unterschrieb.

Das war im August 1993. Kor hakt nach, ob er all das auch in Auschwitz bezeugen würde. Er sagt zu. Und sie denkt sich: Er muss das nicht tun, aber er tut es. Sie findet das – beachtlich. In den Monaten, bevor sich die beiden wiedersehen, fragt sich Eva Kor: Wie dankt man einem Massenmörder? Mit einem Blumenstrauß? Zu trivial. Einer Dankeskarte? Wie unpassend. Irgendwann taucht dieses Wort in ihrem Kopf auf: Vergebung. Das ist es, was der Mann braucht. Sie fährt rechts ran. »Ich werde ihm vergeben.« Sie weiß nicht warum, aber plötzlich weicht eine tonnenschwere Last von ihren Schultern.

Mit ihrer »inneren Befreiung« meint Eva Kor die Befreiung aus der Opferhaltung. In ihrem und Guido Eckerts Buch beschreibt sie die Gründe, aus denen Menschen unaufhörlich in Opferhaltung bleiben: »weil sie Angst haben, dass ihnen nichts mehr bleibt, wenn sie ihre Wut auf den Täter loslassen. Die Wut ist ein Teil ihrer Identität geworden. … Manche Menschen glauben tatsächlich, die einzige Möglichkeit, Kontrolle über ihre Angst zu erhalten, bestehe darin, ihre Wut fest zu umklammern.« Diesen Menschen rät sie deshalb: »Sie geben nicht das Recht auf, wütend zu sein.« Sie plädiert allerdings dafür, die Wut aufzugeben – als ob das so einfach wäre, denke ich, als ich lese: »Sie tauschen die kleine Befriedigung, die sie von ihrem Wutausbruch haben, gegen das große Glücksgefühl der Freiheit ein.«

Die Wut aufgeben, das hat allerdings auch Eva Kor erst Jahrzehnte nach ihrem Beschluss, Münch zu vergeben, geschrieben, und bis dahin ist es noch ein weiter Weg. Zunächst setzt sie unzählige Briefe auf, alle für Münch. »Sie hätten das Morden stoppen können!«, steht darin. »Sie wirken wie ein netter Mensch, aber warum haben Sie damals mitgemacht?« Und: »Ich hasse Sie!«

Ab in den Papierkorb. Sie will eine andere Vergebung. »Ich konnte ihn doch nicht gleichzeitig beschuldigen und ihm vergeben!« Dann rät ihr auch noch eine Bekannte: »Bleib nicht auf halbem Weg stehen. So lange du auch nur einem Menschen nicht verzeihst, bist du nicht frei. Verzeihe Doktor Mengele. Verzeihe allen.«

Was für eine Zumutung. Und was für ein kühner

Gedanke: Sie, die so lange im Bann ihrer Quäler stand, soll sich selbst befreien, indem sie jene von einer Schuld freispricht, die die noch nicht einmal einräumen? Ganz schön verdrechselt, dieser Satz. Weil es auch der Gedanke ist, der ihm zugrunde liegt: Sie ist nicht mehr Erduldende, sondern Handelnde, nicht mehr erniedrigtes Objekt, sondern Subjekt, eine souveräne Person, die kraft ihrer selbst auf die Folterer zugeht und sie dann – nein, nicht zur Rechenschaft zieht, nicht ihre Bestrafung betreibt, sie nicht nach ihren Motiven fragt. Die sie einfach gar nichts fragt. Sondern selbst die Agenda setzt. Ein unerhörter Raum tut sich in ihr auf, wo sie nicht mehr eingesperrt ist, ein Raum, wo Freiheit herrscht. Man könnte es Eva Kors zweite Befreiung nennen.

Etwa ein Jahr später liest Eva Kor in Auschwitz ihren Brief vor, *neben ihr steht* Hans Münch: »Ich, Eva Mozes Kor, vergebe hiermit allen Nazis, die an der Ermordung meiner Familie und von Millionen anderen beteiligt waren. Ich tue das nur in meinem Namen. Ich vergebe, weil es Zeit ist, unsere Seelen zu heilen.«

»Allen Nazis« – in diesen beiden Worten steckt der Kern von Eva Mozes Kors Idee der Vergebung. Sie vergibt blanko. Ob der Täter bereut, ob er sich entschuldigt hat, ob er gebüßt hat, bestraft wurde, geläutert ist – das mag sie sich wünschen, das würde sie begrüßen, aber mehr auch nicht. Das, was dadurch passiert, unterscheidet sie von vielen, vielleicht von den meisten der Menschen, die ich getroffen haben:

Eva Kor macht sich unabhängig von ihren Peinigern.

Indem sie Fragen an sie, an denen sich andere Menschen an ihrer Stelle ein Leben lang vergeblich abarbeiten würden, einfach zur Seite schiebt und ihren Blick auf sich selbst wendet. Sie wird dadurch vom Objekt zum Subjekt, und mehr noch: Sie macht sie selbst dazu. Es ist ein Akt der Selbstermächtigung, durch das sie ein Kontinuum durchbricht, das sie so beschreibt: »Die meiste Zeit war ich ein vorbildliches Opfer.« Vorbildlich in dem Sinn, dass sie sich weiterhin, bewusst oder unbewusst, auf die Täter bezog, ihre eigene Lebensgeschichte als Auschwitz-Überlebende von den Tätern aus und auf sie hin entwarf und erzählte. Jetzt, mit den Worten »allen Nazis«, gibt sie dieser Geschichte einen anderen Dreh, einen überraschenden: Sie vergibt ihnen unabhängig von ihnen, das bedeutet, dass sie es ist, die das letzte Wort hat. Und so ringt sie ihrem Akt des Vergebens sogar noch eine Pointe ab, wenn sie sagt: »Die Täter können sich noch nicht mal dagegen wehren.«

Verständlich, dass sie dafür kritisiert wird. Es gibt Überlebende, die es als Anmaßung empfinden, dass Kor vergibt, ausgerechnet sie: eine Überlebende. Und eine, die nicht ihre gesamte Familie verloren hat. Doch Eva Kor sagt, dass sie nur in ihrem Namen vergibt. Und: Sie vergibt denen, die Schuld an ihrem Schmerz, ihrem Kummer haben. Sie geht nicht herum und erteilt allen Tätern ungefragt die Absolution. Was sie tut, ist eine Geste, die bei Weitem nicht nur an die Täter gerichtet ist, sondern viel mehr an die Leidtragenden.

Als sie 2015 im Prozess um den SS-Mann und Auschwitz-Wächter Oskar Gröning aussagt, der an der Rampe stand, als Kor und ihre Familie ankamen und getrennt wurden, geht sie auf den im Rollstuhl sitzenden Mann zu. Er versucht aufzustehen, sie will seine Hand schütteln, er umfasst ihre linke, lässt sie nicht mehr los. Sein Kreislauf ist schwach, er ist fahl im Gesicht, er droht zu stürzen. Kor bemerkt das, kann ihn nicht halten, »Gröning war ein großer Mann, sehr dünn zwar, aber immer noch deutlich schwerer als ich. Und er hielt meine Hand. In diesem Moment war er für mich kein Nazi mehr, sondern ein alter Mann«. Sie ruft nach Hilfe, jemand springt ihr bei, um den Sturz abzuwehren.

Kor beschreibt das so klar und unaffektiert, dass ich mich fast nicht dagegen wehren kann, dass es so einfach sein könnte. Es kommt ihr nicht auf Strafe an. Allerdings findet sie, dass Gerichte ruhig ihre Arbeit machen sollen. Man solle die Frage nach Gerechtigkeit getrennt vom Aspekt der Vergebung betrachten.

Statt Strafe zu fordern, fordert sie überlebende Nazis auf, die Gräuel von damals zu bezeugen, um Holocaust-Leugnern, von denen sich einige vor dem Gerichtsgebäude versammelt haben, etwas entgegenhalten zu können. Auch hierin steckt der Pragmatismus Kors drin: Sie will dem, was passiert ist, so schlimm es auch ist, etwas Hilfreiches, nach vorn Weisendes abringen.

Außerdem sagt sie am Rande des Prozesses, sie befürworte die Anklage gegen Gröning nicht, denn sie verstehe nicht, warum ein 93-Jähriger noch ins Gefängnis solle. »Täter dieses Alters werden nicht lange einsitzen, und sie sind auch jetzt schon meist ans Haus gefesselt.«

Viele Nebenkläger erzürnte das. »Den Tätern Verzeihung zu gewähren, dazu fühlen sich die Überlebenden angesichts deren jahrzehntelangen unbelehrbaren Schweigens nicht in der Lage«, sagt Christoph Heubner, der Vize-Exekutivpräsident der Organisation. »Sie wissen auch nicht, wie sie im Namen ihrer ermordeten Familien je Verzeihung gewähren könnten.« Die öffentliche Vergebung verletze die Integrität der anderen Auschwitz-Überlebenden. Sie würdige den Prozess »zu einer Personalityshow und Seifenoper« herab, so war Heubner in *Die Zeit* zitiert. »Es wäre fatal, wenn die deutsche Gesellschaft diese Geste einer Einzelnen als moralischen Freispruch und Abschlusserklärung missverstehen würde.« Shlomo Birnbaum hat in seinem von Rafael Seligmann aufgeschriebenen Buch »Ein Stein auf meinem Herzen« von 2016 diese Worte gefunden: »Ich kann nicht vergessen und ich will nicht vergeben – weil ich das als Überlebender nicht darf. Jene, die dazu berechtigt wären, sind erschlagen worden. Dass eine Überlebende einen SS-Schergen vor Gericht umarmt, finde ich würdelos. Sie mag ihm ihr persönliches Leid vergeben – aber sie hat nicht das Recht, ihm die Absolution zu erteilen für seine Mittäterschaft an millionenfachem Mord.« Allerdings tut das Eva Kor auch nicht. »Nur in meinem eigenen Namen« verzeiht sie und sagt: »Meine Vergebung spricht die Täter nicht frei.«

Oskar Grönings Anwalt stellte am letzten Prozesstag fest, sein Mandant würde die Opfer bewusst nicht um Vergebung bitten. Dies stehe ihm angesichts der Dimensionen des Leids nicht zu. Ich heiße das als Form der Demut gut, unabhängig von der Frage, ob es sich um einen verfahrenstaktischen Zug handelt oder ob es Oskar Grönings Reue ist, die ihn so empfinden lässt. Gleichzeitig frage ich mich: Wenn die Überlebenden, die Eva Kors Haltung kritisieren, und gleichermaßen die Täter Vergebung beziehungsweise die Bitte darum als Anmaßung empfinden, während sich die Toten in der Frage nicht mehr zu Wort melden können – hat dann das Konzept von Verzeihen überhaupt noch eine Chance?

Nun, Oskar Gröning sagt, er könne nur seinen Herrgott um Verzeihung bitten. Natürlich ist das wichtig, für manche entscheidend, aber gleichzeitig bin ich unzufrieden damit, das Verzeihen gewissermaßen nach oben zu delegieren und sich hier unten für nicht in der Lage beziehungsweise unzuständig zu erklären. Eva Kor erlöst sich selbst aus dem Dilemma. Sie geht in Vorleistung und erwartet keine Gegenleistung. Vom Vorwurf der Anmaßung fühlt sie sich nicht angesprochen. Sie habe nur ihr persönliches Leid verziehen (also nicht das Leid ihrer getöteten Familie), und zwar nur jenen, die dafür verantwortlich waren.

Verzeihen ist für sie ein privater Akt, so öffentlich sie ihn auch vollzieht. Sie redet damit keinem wie auch immer gearteten Schlussstrich das Wort. Sollen die Gerichte Recht sprechen, die Museen die Erinnerung hochhalten, die Historiker historisieren, sie hat gesagt, was sie zu sagen hatte. Ist ihre Form der Vergebung naiv? »Ich kann dazu nur sagen, dass ich lieber naiv bin als wütend«, sagt Eva Kor. Sie hat vergeben, und sie hat gemerkt, dass es ihr damit besser geht. Sie nennt es sogar eine Form des Egoismus.

9

Der Mythos vom Abschließen

Meine Suche nach Vergebung dauert nun schon eine ganze Weile. Ich habe viel gefunden, noch mehr gesucht, viel erfahren, um noch mehr weiter zu fragen. An irgendeinem Nachmittag treibe ich mich also auf einer außergewöhnlichen Website herum. Sie heißt »theforgivenessproject.com«, kommt aus den USA und sammelt Texte von Menschen, die verziehen haben. Menschen, die keine Zeit haben, stunden- und tagelang in fremden Lebensgeschichten zu verschwinden, sollten diese Website meiden. Über 150 Menschen, denen Schlimmes widerfahren ist, beschreiben, wie Schockstarre, Wut, Hass, Hilflosigkeit, Rachegedanken mit der Zeit einer Bereitschaft Platz machten, zu verzeihen. Ein Text berührt mich bei meiner Recherche ganz besonders, der über Aba Gayle. In aller Kürze geht ihre Geschichte so: Ihre Tochter wurde ermordet. Der Täter wurde zum Tod verurteilt, aber bis heute nicht hingerichtet. Er sitzt seit den 1980er-Jahren im Gefängnis. Gayle hat sich entschlossen, Kontakt zu ihm aufzunehmen, sie hat ihn oft getroffen und engagiert sich gegen seine Hinrichtung. Und noch mehr: Sie hat sich mit ihm angefreundet.

Ich umreiße ihre Geschichte hier so kurz, damit klar wird, was das Besondere an ihr ist, auch im Vergleich zu **den Menschen, die ich bisher besucht habe:** Großmütig gegenüber den Menschen zu sein, die einem Leid zugefügt haben, bedeutet nicht automatisch, dass man ihnen verzeiht oder sich gar mit ihnen versöhnt. Ismael Khatib etwa, der schließt Verzeihen ausdrücklich aus. Zudem zwingt einen niemand, weiterhin in Kontakt zueinander zu stehen. Verzeihen bedeutet auch nicht zwangsläufig, auf Bestrafung zu verzichten. Und auch nicht, wie die Reaktionen auf Eva Kor zeigen, sich zu versöhnen. Aba Gayle durchbricht all diese Schemata und Einschränkunen: Nicht nur ist sie zur Gegnerin der Todesstrafe geworden, was in den USA keineswegs selbstverständlich ist; nicht nur verzeiht sie dem Mörder ihrer Tochter; nicht nur nimmt sie Kontakt zu ihm auf; sie freundet sich auch noch mit ihm, den sie erst aufgrund seiner Tat kennen gelernt hat, an, und macht sich zu seiner Fürsprecherin. Sie freundet sich mit ihm an – geht das wirklich? Und ist das wirklich Freundschaft? Oder eher eine Art existenziellen Stockholm-Syndroms?

Aba Gayle wohnt in der Kleinstadt Silverton im US-Bundesstaat Oregon, an der Westküste. Ich sitze irgendwann in einem Flugzeug, das mich über Atlanta nach Portland bringt, im Rucksack Gerichtsakten, die ich im Internet gefunden habe. Es ist mir wichtig, mir die Tat von damals wirklich vor Augen zu führen. Zu groß ist ansonsten die Versuchung, es mir zu leicht zu machen: Jemand hat jemand anderem verziehen, großer Akt, Hut ab, nächster Fall. Ich will verstehen, was da verziehen worden ist, will den Startpunkt des Wegs nachvollziehen können, um die Strecke ermessen zu können, die Aba Gayle seitdem zurückgelegt hat.

Es handelt sich um ein Dokument, in dem das für den Täter zuständige Gericht in Kalifornien, wo er einsitzt, sich mit der Haftprüfung beschäftigt. 1980 lebt Catherine

Blount, die Tochter von Aba Gayle, mit Eric Lee Hanson zusammen, einem früheren Freund Douglas Mickeys. Dieser hat beschlossen, Hanson zu ermorden aus Rache dafür, dass der ihm zuvor einige Gegenstände gestohlen habe – die Akten bleiben vage, legen aber den Schluss nahe, dass es sich um einen eher nebensächlichen Streit gehandelt habe.

Am 28. September 1980 lässt sich Mickey von einem Freund, Edward Rogers, vor Blounts und Hansons Haus absetzen. Er ist bewaffnet mit einem Messer und einer Pistole. Die Gastgeber bitten Mickey herein. In den Akten heißt es: »In den frühen Morgenstunden des 29. Septembers 1980, offenbar nachdem Hanson und Blount schlafen gegangen waren, tötete der Angeklagte das Paar: Er schlug Eric Lee Hanson mit einem Baseballschläger und schlitzte seine Kehle von einem Ohr zum anderen und bis hinunter zum Rückenmark auf. Er stach Catherine Blount sieben Mal in die Brust …« Anschließend nahm Douglas Mickey die Beute, lud sie in einen schwarzen Volkswagen, der Hanson gehörte, und verschwand. Er und Rogers versteckten die Gegenstände.

Wenig später gesteht Mickeys Komplize die Tat, Mickey wird verhaftet und gesteht seinerseits wichtige Teile der Tat. Ein Psychiater kommt zu dem Schluss, Mickey sei paranoid und schizophren. »Jemand mit dieser Krankheit versucht, diese zu verschleiern und würde versuchen, sich so normal wie möglich zu verhalten, und wenn er denkt, ein Geständnis würde einen normalen Eindruck machen, dann würde er gestehen.« Ein weiterer Psychiater hält ihn

144

für unzurechnungsfähig. Das Gericht folgte der Auffassung nicht: »Es gibt keinen Zweifel, dass Mickey zwei brutale Morde begangen hat.« Brutale Morde – eine seltsame Wortkombination auch im Deutschen. Als gäbe es auch rücksichtsvolle. Mickey selbst äußert sich während der Verhandlungen nicht. Sein Verteidiger beschreibt die schwierigen Familienverhältnisse, in denen Mickey aufgewachsen ist; seine Drogen- und insbesondere Alkoholabhängigkeit stellt er dagegen kaum dar, weil er dafür kaum Mitgefühl bei den Geschworenen erregen würde.

All das lese ich und bringe es mit nach Portland, Oregon. Dort angekommen, mache ich mich mit dem Mietauto auf den Weg ans Ende der Welt. So fremd fühlt es sich an, fast 9000 Kilometer von zu Hause, weiter, als ich je zuvor gewesen bin. Diese Gegend, nicht weit vom Pazifik entfernt, ist noch nicht lange europäisch besiedelt, erst seit Mitte des 19. Jahrhunderts. Für mich eine fast schon archaische Gegend. Und trotzdem ist sie mir irgendwie ganz nah, ich verstehe die Sprache, habe zwei Semester in Washington DC studiert und das Land lieben gelernt: die Nahbarkeit der Leute, ihren Witz im Gespräch, ihre Wärme und Höflichkeit, ihr Interesse an anderen. Die Amerikaner machten es mir damals erdenklich leicht, mich wohlzufühlen, nicht nur auf dem Campus, nicht nur in meiner Wohngemeinschaft. Fast überall fand ich kleine Gesten der Anteilnahme, sei es bei dem Busfahrer, der jedem Aussteigenden ein »Take Care« mit auf den Weg gibt, sei es das warme Lächeln, mit dem die Bedienung den Kaffee nachschenkt.

Gleichzeitig hatte ich schon damals manchmal den Eindruck, dass die Nähe trügt. Hier ist nichts exotisch, weder das Essen noch die Geschäfte noch das Radioprogramm noch die Automarken, und doch befinde ich mich an einem Ort, der sich fundamental von meiner Heimat unterscheidet, und zwar schon immer, nicht erst seit George W. Bush oder Donald Trump. Es ist ein Land, in dem Menschen hingerichtet werden – oder in dem es, wie im Falle von Douglas Mickey – als Gnade gilt, wenn die Hinrichtung auf unbestimmte Zeit ausgesetzt wird und der Verurteilte seit 35 Jahren im Gefängnis sitzt. Gnade ausgeschlossen. Es wird wichtig sein, mir vor Augen zu halten, wie weit entfernt diese Kultur von der Mitteleuropas ist, um Aba Gayle besser verstehen zu können.

Gleichzeitig frage ich mich: Gnade – hat das denn etwas mit Vergeben oder Verzeihen zu tun? Es gibt eine ähnliche Diskussion in Deutschland, zum Beispiel 2010 um das Gnadengesuch des RAF-Terroristen Christian Klar an den damaligen Bundespräsidenten Horst Köhler. Da ging es auch um die Frage, ob und wie viel Begnadigen mit Vergeben, Vergessen oder Versöhnen zu tun hat. Nur, dass es damals in Deutschland nicht um Leben oder Tod ging, zumindest nicht in Bezug auf das Gnadengesuch. Ich glaube, dass Gnade und Vergebung sich sehr stark unterscheiden. Mag sein, dass Gnade gewährt wird, weil ein Akt des Verzeihens geschehen ist, aber das Verzeihen ist nur ein möglicher Aspekt, der dazu führt, Gnade walten zu lassen, andere sind etwa das Ziel, Rechtsfrieden herzustellen, indem man ein versöhnliches

Signal setzt, oder Nächstenliebe, die ja immer dann besonders wichtig ist, wenn sie besonders schwer aufrechtzuerhalten ist.

Ich komme also bei Aba Gayle an. Eigentlich wollte sie aufhören, ihre Geschichte zu erzählen. Sie ist bei meinem Besuch schon über 80 und fühlt sich auch so, auch wenn sie auf mich einen rüstigen Eindruck macht: Ihre wasserblauen Augen sind klar und wach und von Falten umrahmt, die auf überaus sorgfältige Weise angeordnet zu sein scheinen. Ihre hellgrauen Haare trägt sie im Pagenschnitt. Sie wohnt in einem kleinen Haus in einer Seniorensiedlung, davor parkt ihr blauer Ford Contour, an dessen Heck Aufkleber fordern: »Beendet die Todesstrafe in Oregon« – »Friede auf Erden« – »Vergebung bedeutet, alle Hoffnung auf eine bessere Vergangenheit aufzugeben!«. Im Wohnzimmer hängen Fotos ihrer Tochter Catherine als Kind und Teenager.

Aber sie hat sich aufgerafft, mich zu treffen, und jetzt, wo ich schon mal da bin, ist sie ganz die gute Gastgeberin. Sie möchte, dass ich im Gästezimmer der Familie ihrer Tochter übernachte (ich gehe dennoch ins Hotel), ihre Familie hat auch für mich gekocht. Später führt sie mich noch in ein deutsches Restaurant in der Nähe, wo ich Schweinswürste serviert bekomme, und später in ein Benediktinerkloster. Sie zeigt mir ein »Prairie House« des Architekten Frank Lloyd Wright, und wir fahren auf einem Trolley durch die »Oregon Gardens«, wo auf 80 Hektar Rosen, Heilkräuter, tropische Gewächse, Sumpfpflanzen, knorrige Bäume zu sehen sind. Das alles ist bei Aba Gayle nicht nur gut amerikanische, höfliche Gastfreundschaft, wie ich sie schon bei früheren Besuchen in den USA genossen habe, und auch mehr als Heimatstolz. Daraus spricht die Botschaft: Schau her, ich führe hier und jetzt ein gutes Leben.

Das mag sein. Nur, das wird schnell klar: Bis dahin war es ein langer Weg. Schon am Telefon, als ich noch in Deutschland war, hatte sie mir erklärt, sie wolle sich schonen. Weil sie gern noch dabei wäre, wenn ihre Urenkel irgendwann ihre ersten Schritte machen werden. Weil alles schon so lange her ist. Weil nichts besser geworden ist, seit sie angefangen hat, gegen die Todesstrafe zu kämpfen. Aber vielleicht ist genau das der Grund, warum sie eben nicht damit aufhört, warum sie ihre Geschichte abermals erzählt. »Come on«, sagt sie also. Und wir machen uns auf den Weg zum »Oregon State Penitentiary«.

Sie ist hierhergekommen, um den Insassen ihre Geschichte zu erzählen, eine Geschichte von Rache, Gott, Vergebung und einem Leben nach dem Hass. »Prison Talks«, so heißt das Format. Alles hier drinnen scheint zu groß, zu weit für die kleine Frau: ihre knallgelbe Regenjacke mit der spitzen Mütze, der fahlgelbe hohe Raum mit den Schließfächern, die klobigen Körper der Wärter, die vier dicken Stahlgitter-Tore, die sich eins nach dem anderen öffnen und schließen. Verloren und unbeugsam zugleich, so steht sie dazwischen und auf wartet auf Einlass. Hier ist alles verboten, was nicht explizit erlaubt ist.

Es ist verboten, Stifte mitzubringen (potenzielle Waffen), Blue Jeans anzuhaben (Verwechslungsgefahr mit den Häftlingen), einen BH mit Drahtverstärkung zu tragen (Metalldetektor schlägt an) sowie keinen BH zu tragen (das könnte die Insassen reizen).

Auf Metallstühlen sitzen in einem fensterlosen Raum 30 Häftlinge im Kreis. Die meisten sind muskelbepackt. Weil das beim Überleben hinter Gittern hilft. Und weil sie Zeit zum Trainieren haben. Mindestens die Hälfte dieser Männer hat einen Menschen getötet, einige von ihnen werden wohl hier drin bleiben, bis sie sterben. Weil sie das wissen, haben sie wenig zu verlieren. Und weil sie wenig zu verlieren haben, sind die Sicherheitsvorkehrungen streng.

Aba Gayle setzt sich dazu und fremdelt kein bisschen. Erlaubt ist ein kurzer Handschlag. Ein Häftling reicht ihr einen Plastikbecher mit Chlorwasser zum Trinken. Ihre leise, brüchige Stimme kämpft gegen das Brummen der Ventilatoren. Kein Stuhlquietschen und kein Husten ist zu hören, als sie ihre Stimme erhebt.

Ihre Geschichte, die ich basierend auf dem Prison Talk, unseren Gesprächen und ihren Aufzeichnungen erzähle, beginnt mit einem Telefonanruf. Eine Stimme sagt: »Was sagen Sie dazu, dass auf Catherine geschossen wurde?« »Wovon sprechen Sie?« »Wissen Sie das nicht?« Aba Gayle ruft den Sheriff an. »Hier ist Gayle, die Mutter von Catherine Blount. Ich habe gehört, auf sie wurde geschossen. Wo ist sie? Wie geht es ihr? Ich muss zu ihr!« Die Stimme am anderen Ende der Leitung klang verlegen.

»Nein, auf Ihre Tochter wurde nicht geschossen. Ihre Tochter ist tot. Ich sage dem Sheriff Landry, er soll sie gleich zurückrufen.«

Aba Gayle wartet, wartet, dass das Telefon klingle. Und wartet, drei Stunden lang, bis sie den Sheriff anruft und sagt: »Jemand muss mit mir sprechen, denn ich werde verrückt.« Der Sheriff: »Es tut mir leid, aber Ihre Tochter Catherine ist tot. Sie wurde ermordet. Sie wurde erstochen.«

Aba Gayle erinnert sich, dass etwas in ihrem Herzen kaputt ging. Dass sie dachte, sie würde sicherlich gleich aufwachen. Dass sie wusste, das würde sie nicht. Dass sie nicht weinte. Wie sie in die Dusche stieg, das Wasser aufdrehte und nur noch schrie. »Das war der Beginn der Periode, die ich heute meine ›Zeit der Finsternis‹ nenne.«

In dieser Finsternis muss es darum gegangen sein, sich möglichst wenig zu bewegen. Sie war ruhig, sie machte keine Schwierigkeiten, sie machte einfach weiter. Ihre Mutter war in der Zeit am Herzen operiert worden, ihr wollte Aba Gayle so viel wie möglich abnehmen, wollte sie schützen. Ihre anderen beiden Kinder hatten gerade mit dem Studium begonnen, auch sie sollten nicht stärker belastet sein als unvermeidlich. Und ihr Mann wollte irgendwann gar nicht mehr über Catherine sprechen – »er wollte nicht den Rest seines Lebens trauern«. Aba Gayle hatte niemanden, dem sie sich anvertrauen konnte. »Meine Überlebensstrategie war, zu tun, was anfiel, um den Kopf über Wasser zu behalten. Ich musste stark bleiben, um allen anderen helfen zu können.«

In diese Finsternis mag kein Licht gedrungen sein, aber gerade darum gedieh darin so allerhand. »In mir saß ein dunkler, tiefer Furor. Es war eine elende, widerliche Dunkelheit. Ich wollte nur noch eins: Rache für mein geliebtes Kind.« So hat sie es in einem langen Text beschrieben, aus dem ich auf diesen Seiten ausführlich zitiere, und so hat sie es mir erzählt.

Der Staatsanwalt hatte ihr versichert, dass er den Täter finden, vor Gericht bringen, für einen Schuldspruch sorgen und sichergehen würde, dass er die Todesstrafe erhalte. Er sagte ihr voraus, dass sie, wenn es soweit sei, geheilt sei. Dass sie zur Ruhe finden würde. »Das habe ich geglaubt.«

»Closure Myth«, so nennen das die Amerikaner, wörtlich übersetzt »Der Mythos vom Abschließen«. Er besteht in der Vorstellung, dass sich eine Tat erst dann richtig verarbeiten lasse, wenn sie gerächt sei: Sobald der Täter identifiziert, gefunden und rechtskräftig verurteilt ist, werde Ruhe und Frieden einkehren, nicht nur gesellschaftlich, sondern auch bei den einzelnen Betroffenen. »Peace of Mind«, so etwas wie Seelenfrieden oder Gemütsruhe ziehe ein. Umgekehrt gelte: Ungesühnte Verbrechen ließen die Angehörigen nicht zur Ruhe kommen. Der »Closure Myth« ist eins der wirkmächtigsten Argumente für die Befürworter der Todesstrafe – hart zu entkräften, denn wer würde den unschuldigen Leidtragenden von Gewalttaten ihren »Peace of Mind« vorenthalten wollen? Nur, was passiert da, beim Abschließen? Und was wird abgeschlossen – oder wer?

Aba Gayle wartet also auf den Abschluss. Den Abschluss des Prozesses, den Abschluss ihrer Qualen. Zwei Jahre nach der Tat, 1982, sollte es so weit sein. Es kommt, wie der Staatsanwalt angekündigt hat. Douglas Mickey wird identifiziert, gefunden und wegen des Doppelmords rechtskräftig zum Tod verurteilt. Jetzt kann endlich »Peace of Mind« eintreten.

Doch Aba Gayle fühlt sich kein bisschen besser. Also wartet sie weiter, kultiviert weiter das, was sie »leidenschaftliche Lust auf Rache« nennt. Wartet sehnsüchtig auf die Hinrichtung. Und merkt: Das bringt sie nicht weiter. Schließlich fängt sie an, sich um sich selbst zu kümmern. Besucht Meditationskurse. Sucht sich Gesprächs- und Gebetszirkel. Liest New-Age-Literatur. Geht zur Kirche, liest sich durch den zugehörigen Bücherladen, beschäftigt sich mit den Weltreligionen. Und findet zu einer Spiritualität, die sie in einem ihrer Texte im Netz so beschreibt: »Ich habe verstanden, dass ich ein geliebtes Kind Gottes bin; ich bin eins mit dem Universum; und wir alle sind hier, um uns zu lieben, ohne Ausnahme. Gott ist ein liebender Gott und es gibt keine Hölle außer der, die wir in unserem Bewusstsein kreieren. Ich habe wirklich kapiert, dass wir alle Eins im Geiste sind.«

Das klingt in meinen Ohren erst einmal, lieblos formuliert: esoterisch. Löst sich alles in Wohlgefallen auf, beziehungsweise in Luft und Liebe – Du und ich, mein und Dein, Täter und Opfer? Ich kann nicht folgen. Und die Bücher, die Aba Gayle in dem Zusammenhang empfiehlt, machen mir das nicht gerade einfacher. Eines heißt

»Science of Mind«, Ernest Holmes hat es 1926 veröffentlicht, ein spirituelles, pantheistisches Buch, in dem die Einheit des Universums hervorgehoben wird: »Wir glauben an die Einheit allen Lebens, und dass der höchste Gott und der innerste Gott ein Gott sind.« Manches darin klingt so abgedreht, dass ich es kaum übersetzen kann: »We believe in the eternal Goodness, the eternal Lovingkindness and the eternal Givingness of Life to All.« – »Wir glauben an die Ewigkeit Gottes, die ewige, liebende Gütigkeit und die ewige Gebenheit des Lebens für alle.«

Verwirf nicht vorschnell, was sie sagt, sage ich mir. Versteh es erst. Und verfolge, wie das weiterging, was Aba Gayle ihre »Heilung« nennt – nämlich auf gewundenen, holprigen Wegen, mit Fort- und Rückschritten. Sie liest irgendwann in der Zeitung, dass Douglas Mickeys Hinrichtung anberaumt sei. Sie möchte unbedingt dabei sein. Als sie das Gefängnis, in dem er sitzt, anruft, stellt sich heraus, dass es sich um einen Irrtum handelt. Sie schreibt einen Antrag, um benachrichtigt zu werden, sobald die Hinrichtung ansteht. Den Brief legt sie auf ihren Schreibtisch. Und schickt ihn nicht ab.

Irgendetwas muss passiert sein durch die Aussicht, dass der Mörder ihrer Tochter bald hingerichtet werden könnte. Vielleicht war es die Angst, dass die »closure«, die man ihr so oft prophezeit hatte, durch die vollzogene Rache nicht passieren könnte. Vielleicht hat ein Torschluss-Effekt eine Rolle gespielt: dass er, wenn er erst tot sein würde, nicht mehr zur Verfügung stehen würde. Dass sie sich nicht mehr an ihm würde abarbeiten können, dass ihr Hass ins Leere laufen würde. Denn auch der Hass und die Wut geben Energie, sie machen lebendig, sie geben dem Leben eine Richtung, doch was, wenn diese Richtung ins Leere läuft, wenn die Strafe vollzogen und nichts besser sein wird?

Das ist das, was mir durch den Kopf geht, und ja: Das ist ungeordnet und vielleicht ungerecht, aber ich kann nur spekulative Antworten geben auf die Frage, die sich mir aufdrängt: Wie konnte Nähe zwischen Douglas Mickey und Aba Gayle entstehen?

Ihre Geschichte geht nämlich so weiter: Eines Tages fährt sie im Auto nach Hause und hörte eine Stimme: »Du musst ihm vergeben und du musst es ihn wissen lassen!« Sie beschreibt die Stimme als laut, klar und durchschlagend. Aba Gayle kann in dieser Nacht nicht schlafen. Um vier Uhr morgens steht sie auf und schrieb diesen Brief:

Sehr geehrter Mr. Mickey,

vor zwölf Jahren hatte ich eine schöne Tochter namens Catherine. Sie war eine junge Frau mit ungewöhnlichen Talenten und von außergewöhnlicher Intelligenz. Sie war schlank, ihre Haut strotzte nur so vor Gesundheit und Vitalität. Ihr langes, gewelltes Naturhaar rahmte ihre leuchtenden Augen und ihr warmes, helles Lachen. Sie verbreitete Liebe und Freude!«

Gayle schreibt von Catherines Tierliebe, von ihren zwei Ziegen, ihrer Stute, ihrem Schäferhund mit den zehn Welpen. »Ich weiß, dass Catherine jetzt an einem Ort ist,

der besser ist als alles, was wir hier auf Erden kennen. Ich
wusste das nicht, als Catherine starb. I wusste, dass ich
meines kostbaren Kindes beraubt worden war und dass
sie der Möglichkeit beraubt worden war, ihr Potenzial
auszuschöpfen. Dass sie diese Welt auf so gewalttätigem
Weg verlassen musste, war unmöglich für mich zu verste-
hen. Ich war unvorstellbar traurig und fühlte, dass ich nie
mehr völlig glücklich sein würde. In der Tat wurde der
Verlust von Catherine der zentrale Bezugspunkt für
meine gesamte Familie.

Ich war wütend auf Sie und wollte sie, dass Sie bis zum
äußersten dessen bestraft würden, was das Gesetz her-
gibt. Sie hatten meiner Familie und meinen Zukunftsplä-
nen irreparablen Schaden zugefügt.

Nach acht langen Jahren der Trauer und des Zorns habe
ich meine Reise zum Leben begonnen … Während eines
Kurses über »A Course in Miracles« (ein in den USA
populäres, aber auch umstrittenes New-Age-Buch, Anm.
d. Autors) habe ich überrascht festgestellt, dass ich Ihnen
vergeben kann. Das heißt nicht, dass ich glaube, Sie seien
unschuldig. Ich habe dies gelernt: Sie sind ein göttliches
Kind Gottes. Sie tragen das Bewusstsein Christi in sich.
Auch während Sie in Ihrer Zelle sitzen, sind Sie umgeben
von Gottes Liebe. Es gibt keinen Teufel; es gibt nur die
Göttlichkeit Gottes. Der Christus in mir sendet dem
Christus in Ihnen Segenswünsche.

Sehen Sie in mir keinen Fürsprecher. Das geltende Recht
wird Ihr Geschick bestimmen. Verschwenden Sie nicht
Ihre letzten Tage auf Erden mit Reue oder Furcht. Der

Tod ist ein Neuanfang. Die Hölle existiert nicht, außer in unserem Bewusstsein.

Ich hoffe, dass dieser Brief Ihnen helfen wird, Ihrer Zukunft ins Angesicht zu sehen. Es gibt nur Liebe und Gutes auf der Welt, unabhängig davon, wie es Ihnen erscheinen mag. Ich bin willens, Ihnen zu schreiben oder Sie zu besuchen, wenn Sie das wollen. Ich sende Ihnen und Ihren Kindern Segenswünsche.

Gayle, Catherines Mutter

Aba Gayle erinnert sich noch an das leise »Klick«, als sie den Brief in den Postkasten steckte. »Als ihn hörte, waren alle Wut, all die Rage, die Rachlust plötzlich verschwunden. Stattdessen war ich erfüllt vom unglaublichen Gefühl von Freude, Liebe und Frieden. Ich war in einem Zustand der Gnade. Ich wusste, dass niemand sterben musste, damit ich geheilt würde. Ich würde mit meinem Leben fortfahren können!«

Ich weiß nicht, was ich halten soll vom »Christus in mir«, »Bewusstsein Christi«, »Göttlichkeit Gottes«. Blumig finde ich das, unscharf. Und auch, nun ja, irgendwie amerikanisch, diese unspezifische, mir hermetisch gegenübertretende Spiritualität. Es wird auch nicht besser, als ich erfahre, was Douglas Mickey zurückgeschrieben hat: »Der Christus in mir empfängt höchst dankbar Grüße göttlicher Weisheit, Liebe und Barmherzigkeit und erwidert sie dem Christus in dir.« Und er schickt Aba Gayle noch etwas: einen Besuchsantrag. Als er ausgefüllt und bewilligt ist, setzt sie sich mit feuchten Handflächen und weichen Knien ans Steuer ihres Autos, um den Mörder ihrer Tochter in San Quentin zu treffen.

Am Gefängnis angekommen parkt Aba Gayle. Sie betritt ein Gebäude, klingelt, wartet minutenlang, bevor ihr geöffnet wird. Legt ihren Schmuck und ihre Schuhe ab, geht durch den Metalldetektor, betritt den Besuchsraum für Insassen der Todeszelle und stellt überrascht fest: »Kein einziges Monster im Raum. Er war voller gewöhnlich aussehender Männer, die allenfalls gepflegter und ruhiger wirkten als draußen. Sie saßen mit ihren Großmüttern, Ehefrauen, Seelsorgern und Kindern. Überall, wohin ich schaute, sah ich das Gesicht Gottes.« Dann kommt Douglas Mickey herein, viel größer, breiter, stärker als sie und sagt: »Gayle, es ist die größte Ehre für mich, dass Sie mich besuchen. Danke.« Und dann setzen sie sich. Und weinen und heulen, mitten unter all den anderen Menschen. Und sprechen. Über Catherine, über den Tod von Mickey Douglas' Mutter. »Ich verstand, dass an dem Tag, an dem Catherine ihr Leben verlor, auch Douglas seine Zukunft verlor.« Sie beweinen gemeinsam die zerstörten Leben. »Als ich San Quentin verließ, wusste ich, dass, wenn der Bundesstaat Kalifornien Douglas Mickey jemals hinrichten würde, er meinen Freund töten würde.«

Und so wird sie zur Aktivistin gegen die Todesstrafe. Schreibt dem kalifornischen Gouverneur und dem Staatsanwalt, dass sie die Hinrichtung ablehnt. Nimmt an Friedensmärschen teil, demonstriert vor dem Weißen Haus. Und bemerkt: Die Todesstrafe würde ihr nicht nur nicht helfen, zu gesunden. Sie würde es verhindern. »Die Begegnung mit ihm hat mein Leben verändert, und ich hätte die Chance dazu verpasst, wenn er hingerichtet worden wäre.«

Die Vorstellung, dass im Namen ihrer Tochter getötet werde, tut ihr unendlich weh. Ein weiterer Toter wäre nur ein weiterer Toter. Ein weiterer Angehöriger eines Getöteten nur ein weiterer Angehöriger eines Getöteten. »Ich habe mittlerweile viele Ehefrauen und Mütter von zum Tod Verurteilten kennen gelernt. Viele von ihnen sind ebenfalls Opfer – nicht nur die Angehörigen der Ermordeten.«

Ich tauche aus der Geschichte auf und bin wieder mit Aba Gayle und den 30 Häftlingen im Knast. Ein Blick in die Runde der Zuhörer. Nasse Augen. Manchmal hört man einen Schniefer. Einer im Kreis ist Michael (Name geändert), blaues Shirt, Jeans, roter Schnauzer. Er sitzt seit 17 Jahren. Er hat bei einer Verfolgungsjagd mit der Polizei ein Auto gerammt, eine Frau und ein Kind kamen um. Alle zwei Jahre hat er eine »parole hearing«, eine Bewährungsverhandlung, bei dem eine Jury entscheidet, ob er freikommt. Jedesmal wird auch die Familie der Getöteten gefragt, wie sie darüber denkt. Michael hat keinen Kontakt zu ihr, aber er weiß, dass sie beim letzten Hearing keine Einwände gegen die Bewährung hatten. Schon der bloße Gedanke, dass sie ihm irgendwann verzeihen könnten, erleichtert ihm das Warten. Und schon das erleichtert Aba Gayle das Erzählen: weil sie damit Hoffnung gibt.

Ein paar Tage später fahre ich nachdenklich zurück nach Portland und fliege von dort heim nach Deutschland. Fast so laut wie der Fluglärm surren allerhand Fragen in meinem Kopf. Ich denke an den Aufkleber an Aba Gayles Auto: »Vergebung bedeutet, alle Hoffnung auf eine bessere Vergangenheit aufzugeben!« Was bedeutet der Spruch? Vielleicht, dass Aba Gayle das Ziel, einen »Abschluss« zu finden, aufgegeben hat, nicht nur im Hinblick auf den »Closure Myth«, sondern insgesamt. Sie hat die Tat zum Teil ihres Lebens werden lassen, und sie hält ihre Erfahrungen sogar bewusst am Leben, indem sie über sie spricht, indem sie sie hilfreich für andere werden lässt. Sie hat der Tat, die die Umlaufbahn ihres Lebens so fundamental verändert hat, erlaubt, dies zu tun, oder platt formuliert: Sie lässt die Tat nicht hinter sich, sondern macht das Beste aus ihr. Aba Gayle hat zuerst »Rache« als untaugliches Mittel erkannt, mit etwas abzuschließen. Und dann hat sie »Abschließen« als untaugliches Mittel erkannt, um ihr Leben wieder nach vorne zu leben. Wie ist ihr das gelungen? Das ist eine harte Nuss für mich, ihr »Gott hat es befohlen«. Was soll ich denn bitte anfangen mit der Epiphanie im Auto, mit der lauten, tiefen Stimme, die Aba Gayle so erschreckt hat mit den Worten: »Du musts ihm verzeihen und es ihn wissen lassen!«? Nicht, dass ich anzweifle, dass Aba Gayle das so erlebt hat. Auch glaube ich als Christ ohne Weiteres, dass Gott sich unmittelbar zu Wort meldet oder gar zeigt. »Denn bei Gott ist kein Ding unmöglich«, wie es im Lukasevangelium und andernorts heißt. Aber hinreichend scheint mir das nicht zu sein: Er befiehlt, sie folgt. Aba Gayle stand keine Abkürzung namens »Gottesglaube« zur Verfügung. Auch sie ist durch Hass und Rache hindurchgegangen, lange Jahre lang – aber dort nicht stehen geblieben.

Was lerne ich daraus übers Verzeihen? Doch wohl nicht, dass man warten sollte, bis Gott sich zu Wort meldet. Also, mein lieber Gott: Welche Rolle spielst eigentlich du in diesem Buch? Liebe Leserinnen und Leser, ganz besonders diejenigen unter Ihnen, die sich schwer tun mit Gott und Glauben: Wenn ich jetzt, gegen Ende dieses Buches, eine wahre Geschichte über Gott erzähle, dann tue ich das auf keinen Fall, um irgend jemanden von irgend etwas zu überzeugen. Es ist nur so: Ich bin ja noch immer ein bisschen ratlos, was das Verzeihen angeht: Ist es eine Gnade, eine Gabe, ein Zufall, die Frucht harter Arbeit? Da wohnt unsereinem dieser Reflex inne, nach Gott zu fragen. Ich habe eine Frau getroffen, die das seit vielen Jahren tut.

Diese Frau führt Gespräche mit Gott. Viele, lange Gespräche. Und mit sich selbst. Diese Frau unterscheidet sich in zweierlei Hinsicht fundamental von den meisten Leuten, die Sie bereits kennengelernt haben: Sie hat nicht anderen, sondern sich selbst etwas zu verzeihen. Und das macht sie mit Gott aus.

10

Vergib uns unsere Schuld

Mittlerweile habe ich mit so vielen Menschen über ihre Erfahrungen mit dem Verzeihen gesprochen und so viele verschiedene Zugänge zu dem Thema erfahren. Dabei ist mir ein Grundmuster aufgefallen: Jemand hat einen Schaden verursacht, und jemand anderer fragt sich, wie er sich dazu verhalten soll. Was aber, wenn der eine »Jemand« und der andere »Jemand« dieselbe Person sind? Wenn ein Mensch etwas getan hat, wofür er zuerst sich selbst gegenüber Rechenschaft abzugeben hat? Wenn es, zunächst einmal, kein Gegenüber gibt, von dem man Rechenschaft fordern, das man fragen, anklagen, hassen, um Verzeihung bitten könnte? Und zwar nicht, weil er tot oder außer Reichweite ist, sondern weil der, der den Schaden verursacht hat, ihn sich selbst zuzuschreiben und zu verzeihen hat? Wie macht man Verantwortung und Schuld mit sich selbst aus?

Sich selbst verzeihen, wie geht das eigentlich? Ich trage diese Fragen eine Weile mit mir herum. Je länger, desto deutlicher wird mir, wie schwer das sein muss. Denn so tief der Schmerz der Menschen, mit denen ich bisher gesprochen habe, auch sitzen mag, so haben doch fast alle einen Verursacher vor Augen. Und viele können ihn sogar ansprechen, in Gedanken oder real, sie können ihn konfrontieren, können sich auf ihn beziehen, auf welche Weise auch immer. Selbst wenn sie ihm oder ihr nur einen Brief schreiben – es gibt ein Gegenüber, an dem man leidet, und das kann helfen.

Wer sich selbst etwas zu verzeihen hat, hat zunächst einmal nur sich selbst als Gegenüber. Ich will wissen, wie das ist. Ich melde mich bei Therapeuten, Seelsorgern, Gefängnisbetreuern, Selbsthilfegruppen und werbe für mein Anliegen: Bitte bringen Sie mich in Kontakt mit jemandem, der über einen schweren Fehler sprechen mag. Doch wer mag das schon? So gut wie niemand, obwohl die Vermittler ihr Bestes tun. Mir wird schmerzhaft bewusst, welche Zumutung so eine Anfrage ist: einem Wildfremden zu erzählen, was einen im Innersten umtreibt; den Vorwürfen, der Schuld, der Scham Worte zu geben.

Aber es gibt sie: Menschen, die sich darauf einlassen. Monate später landet eine Mail in meiner Box. Eine Frau schreibt mir:

»Meine Geschichte ist relativ schnell erzählt: Vor 22 Jahren habe ich abgetrieben. Mein Kind war getötet und ich musste weiterleben.

Es funktionierte für mich wahrscheinlich am besten über Verdrängung. Darüber, dass ich mir etwas zu vergeben habe, dachte ich nicht nach. Darauf wurde ich durch einen katholischen Pfarrer aufmerksam gemacht, bei dem viele Trauergespräche nach dem Tod meines Vaters letzten Jahres liefen.

Da ich Christin bin, kann ich zu dem Thema dann sagen: Es hat sich nach einer gewissen Zeit eine für mich klare Linie herauskristallisiert. Der einzige Weg für mich ist, Gott um Hilfe zu bitten. Ich glaube daran, dass ER mir verzeiht und ich bitte IHN, er möge mir helfen, mir selbst zu verzeihen. Einen besseren Weg gibt es für mich nicht. Es wird wieder ruhig und ein Regentag birgt seine Sonnenstrahlen, er hat sie halt über den Wolken.

Das ist mein Weg. Ich wünsche Ihnen für Ihr Buch noch viel Erfolg.

Mein Beitrag ist, dass der christliche Glaube ein sehr guter Weg sein kann. Doch letztlich finden, was gut für einen ist, muss doch jeder selbst. Mitmenschen können für einen da sein, doch gehen muss man allein, soviel Zeit und Kraft, wie man benötigen würde, kann man keinem Mitmenschen abverlangen. Für mich ist Gott da. Das macht die Sache leichter.

Mehr will ich Ihnen dazu nicht sagen und ich hoffe doch, Ihnen ein bisschen geholfen zu haben.

Ein schönes Wochenende«

Ich freue mich über die Mail und bin gleichzeitig ein bisschen traurig, weil ich noch so viele Fragen an Frau – nennen wir sie Maria Hiller – habe. Ich schreibe ihr also zurück:

»Nun schreiben Sie ganz klar, dass Sie dazu nicht mehr sagen möchten, und wenn dem so ist, dann finde ich das völlig in Ordnung. Ich bitte Sie nur darum, es mir nachzusehen, wenn ich Sie dennoch umzustimmen versuche. Wie Sie sich vorstellen können, wird mein Buch umfangreicher werden als die knappen, aber sehr präzisen Zeilen, die Sie mir geschrieben haben. Ich habe vor, die Geschichte von etwa sechs Menschen zu erzählen – und zwar so ausführlich, dass diese das Gefühl haben, von mir verstanden und auch richtig wiedergegeben worden zu sein. Aus diesem Grund würde ich mich freuen, wenn ich Sie umstimmen könnte und Sie mir Ihre Geschichte einmal persönlich erzählen würden.

Das bedeutet nicht, dass Sie mir restlos alles erzählen müssen – Sie können jederzeit Dinge auslassen oder auf Fragen nicht antworten. Mir geht es darum, mit Ihnen kein Interview, sondern ein Gespräch auf Augenhöhe zu führen.«

Zwei Dinge interessieren mich am meisten: Wie man sich selbst verzeiht. Und welche Rolle Gott dabei spielt. Und Maria Hiller antwortet, sie möchte sich das durch den Kopf gehen lassen. Und dann klingelt ein paar Tage später das Handy. Sie habe sich das jetzt überlegt, erklärt Maria Hiller, und wann wir uns denn am besten treffen. Ein paar Tage, Mails und Telefonate später sitze ich in einem Café einer Frau gegenüber, die den Eindruck macht, ihr Abwägen und Zögern hinter sich gelassen zu haben. Aufrecht sitzt sie da, etwas über 40 Jahre alt, vor ihr einen Tee, und spricht mit kräftiger, klarer Stimme von etwas, das über 22 Jahre her ist und ihr trotzdem sehr nah.

Sie war 22 Jahre alt. Sie war noch nicht lange von zu Hause aus- und in ein Wohnheim gezogen, stand kurz vor dem Ende ihrer Ausbildung zur Arzthelferin, als sie schwanger wurde. Unverheiratet. Ihre Eltern, konservative Leute, zwingen sie zu nichts. Zumindest nicht direkt, nicht mit Worten. Aber viel subtiler. Sie zwangen sie vor allem durch Sätze, die eben nicht fielen, wie zum Beispiel: »Ein Kind ist keine Katastrophe. In dir entsteht neues

Leben. Und wir sind ja auch noch da. Wir unterstützen dich.« Ob ihre Eltern das Wort »Abtreibung« jemals ihr gegenüber aussprachen, weiß sie nicht mehr. Es war auch gar nicht nötig, es stand im Raum – und sonst? Sonst stand nichts im Raum. Adoption, Pflegefamilie, Patchwork – all das war auch schon vor 22 Jahren bekannt. In der Familie Hiller aber wurde es nicht thematisiert.

Was aber sehr wohl zur Sprache kam, war Hillers Epilepsie: Würde das Kind am Ende schwerstbehindert sein, ein Pflegefall von Geburt an, wäre Hillers eigenständiges Leben damit zu Ende, noch bevor es so richtig begonnen hatte? Ein ernst zu nehmendes Argument. Nur, wäre es zu Ende gedacht worden, hätte man das Kind vielleicht pränatal untersuchen können, um zu erfahren, wie wahrscheinlich ein genetischer Schaden ist. »Selbst wenn das Kind mit siebzigprozentiger Wahrscheinlichkeit behindert gewesen wäre, wären 30 Prozent geblieben.« Doch um sich damals diese Gedanken zu machen, dafür sei sie viel zu sehr Mädchen gewesen. »Ich bin viel zu behütet aufgewachsen, um darüber nachzudenken. Ich dachte nur: Ich will das jetzt alles nicht. Nicht die Schwangerschaft, nicht die Abtreibung, die ganze Situation nicht.«

Es wurde ohnehin nicht erörtert. Und so entstand, unter Zeitdruck, in Panik, aber ganz ohne dass so etwas wie ein lautes Wort der Eltern gefallen wäre, Hillers Entschluss: die Abtreibung sei das einzig Vernünftige.

Und im Ultraschall sah sie, dass ein Herzchen klopft.

»Es ist deine eigene Entscheidung«, diesen Satz hat sie noch in Erinnerung, und nachdem sie ihn gesagt hat, hält sie inne. Sie hält ein Wort der Klärung für angebracht. Sie will nicht den Eindruck erwecken, anderen die Schuld in die Schuhe zu schieben. »Letzten Endes habe ich Ja zur Abtreibung gesagt, da gibt's nichts dran zu rütteln.« Dennoch gehöre es zu ihrer ganzen Geschichte, zu beschreiben, aus welchen Gründen und in welcher Atmosphäre sie zu ihrer Entscheidung gekommen ist. Und deshalb fährt sie fort, von ihren Eltern zu sprechen. Von ihrer Mutter, deren Wahlspruch bis heute lautet: »Hart wie Kruppstahl.« Klingt noch härter heutzutage. »Sie hatte noch ganz andere Erlebnisse. Sie war ein Flüchtlingskind. ›Stell dich nicht so mädchenhaft an, es gibt Schlimmeres‹, das war ihre Erziehungsform.« Noch einer ihrer Sprüche: »Was uns nicht umbringt, macht uns härter.« Das Problem an diesem Spruch ist ja, dass er stimmt. Und dass die Tatsache, dass er stimmt, Hillers Mutter vielleicht geholfen hat, all das zu ertragen: Vertreibung, Flucht, Hunger, Tod und Elend. »Aber macht die Härte einen menschlicher?«, fragt Hiller.

Sie beschreibt ihr Gefühl, obwohl ihre Eltern ihr das so nie gesagt haben, als sie ungewollt schwanger war: »Ich habe Unruhe in die Familie gebracht. Jetzt könnte ich mich bitteschön ein bisschen zusammenreißen. Gute Miene zum bösen Spiel machen. Du bist eine Tochter aus gutem Haus, und jetzt haben wir das Theater: unverheiratet bist du, mitten in der Ausbildung und jetzt auch noch schwanger. Das aber wurde nie gesagt.« Weil in dem guten Haus viel geschwiegen wurde. Weil die Erwartungshaltung ohnehin klar war: Anstand wahren. Nicht aus der

Rolle fallen. »Man hatte Verständnis für den anderen. Und man wusste genau, was von einem erwartet wurde, wie man zu handeln hatte.« Was ebenfalls nicht thematisiert wurde und mindestens genauso schwer wog, das steht auf Steintafeln. Du sollst Vater und Mutter ehren. »Dass da auch steht: ›Du sollst nicht töten‹ – so weit hab ich nicht gedacht.« Pause. »Dann steht man da mit den Geboten.« Wieder Pause.

Maria Hiller, die damals 22 Jahre alt ist und allein mit den Erwartungshaltungen der Eltern und der Zehn Gebote, hat zehn Tage. Für den Beratungsschein, die Entscheidung, die Abtreibung. »Können wir nicht noch eine Woche warten?«, fragt sie den Vater. »Dann ist es zu spät«, antwortet der. »Ich weiß noch, wie unwahrscheinlich weh das tat«, sagt sie, und Tränen treten ihr in die Augen. »Es gab einen unausgesprochenen Gedanken. Der war noch nicht mal richtig gedacht: Willst du das Kind nicht vielleicht doch?«

Die Schwangerenberatung bei pro familia dauert ein bis zwei Minuten, dann ist der Zettel unterschrieben. »Sie hätten meinen Vater rausschicken müssen, wenn sie mich wirklich hätten beraten wollen.« Und ihr damaliger Freund? Noch kein Vierteljahr waren die beiden zusammen. Er fühlt sich nicht besonders zuständig. »Das Kind muss weg«, sagt er. Schwangerschaft und Abtreibung beenden die Beziehung, und viel mehr, bescheidet Maria Hiller, gebe es nicht zu erzählen. Auch eine Beziehung ist also daran zerbrochen, vielleicht auch eine entstehende Liebe. Sofort setzt ihr Vergessen ein, mit einer Konsequenz, die sie heute erstaunt. »Ich wusste nicht mehr, wie mein damaliger Freund aussah.« Bis sie neulich ein altes Foto von ihm im Keller fand. »Ich weiß nicht mehr, wo er genau gewohnt hat, bis heute! Obwohl ich ziemlich oft bei ihm in der Wohnung war und wir in derselben Stadt gelebt haben.« Heute sagt sie: »Ich könnte meine Erinnerung bestimmt hervorholen, wenn ich wollte. Aber warum sollte ich? Ich könnte mir vorstellen, dass es nur anstrengend ist und nur schmerzhaft.«

Drei Tage nach der Abtreibung geht sie wieder zur Arbeit, trotz starker Blutungen. Sie fühlt sich täglich schwächer. Eine Kollegin fragt, was los sei, sie sei so blass. Wieder hält Maria Hiller inne. »Ich fand das nicht so verkehrt. Ich hab gedacht: Dann bist du bei dem Kleinen und dann ist alles gut. Ich wollte den gleichen Weg gehen. Ich hab nicht mehr gewollt.« Sie erzählt der Kollegin, was passiert ist. Die nötigt sie, sofort zum Arzt zu gehen. Not-OP, Ausschabung. »Weil sich Zellen weiterentwickelt hatten, die bei der Abtreibung nicht mitgenommen worden sind. So grausam das klingt. Da hab ich gedacht: Vielleicht wollt' das Kind leben. Vielleicht wär's gesund gewesen. Das weiß nur der liebe Gott.«

Für Hillers Eltern scheint das Thema erledigt, jedenfalls sprechen sie es nie wieder von sich aus an. »Im Glück nicht jubeln, im Leid nicht klagen, das Unvermeidliche mit Würde tragen«, auch so ein Spruch der Mutter. Würde muss viel mit Schweigen zu tun haben in diesem Konzept. »Mami, wenn der Spruch für dich passt, ist er wunderschön«, sagt Maria Hiller. »Aber er passt nicht zu mir.«

Und dann? Vergehen die Jahre, und das Schweigen geht weiter, und es fällt Maria Hiller gar nicht schwer, denn wer spricht schon gerne über so was, und wem gegenüber, und warum? Und, ganz wichtig: Sie schleicht nicht als Büßerin durchs Leben. »Ich war kein Kind von Traurigkeit. Das Leben muss gelebt werden. Aber auch Misstrauen war da, und Angst. Eine Schwere. Das, was nicht gedacht und nicht ausgesprochen werden wollte, war nie wirklich weg. Es wird nie weg sein, das ist mir heute bewusst.«

Das Schweigen breitet sich aus in ihr. Maria Hiller, evangelische Christin, fällt es plötzlich schwer und immer schwerer zu beten. Sie hat Angst vor Gott. Schämt sich und traut sich nicht, um Vergebung zu beten. »Vergib uns unsere Schuld« – das ging nicht. Immer weniger ging. »Und irgendwann bin ich schon beim ›Vater‹ hängen geblieben.« Etwa fünf Jahre muss das so gegangen sein, genau weiß sie es nicht mehr. Irgendwann fing sie an, zu beten: »Hilf mir, dass ich wieder beten kann.«

Da erst beginne ich zu verstehen, wie vertrackt das alles ist. Bis wir uns gegenüber saßen, hatte ich angenommen, Maria Hiller habe hauptsächlich Schwierigkeiten, sich selbst zu verzeihen, sie müsse also alles mit sich selbst ausmachen. Allmählich dämmert mir, dass das völlig an der Wirklichkeit, ihrer Wirklichkeit, vorbeigeht. Dass auch in ihrem Fall das Verzeihen etwas mit Beziehung zu tun hat, und dass in dieser Beziehung Maria Hiller nur eine unter mehreren Beteiligten ist. Und Gott auch einer. Und die beiden nicht die einzigen, aber dazu später.

Mit 29 lernt sie Martin kennen, und sie will nicht, dass etwas zwischen ihnen steht, vor allem nichts Ungesagtes. Sie saßen an einem See in Italien, als sie ihm alles beichtet. Er reagiert gelassen, das alles war vor seiner Zeit. Ihr fällt ein Stein vom Herzen. Zehn Monate später heiraten die zwei, wünschen sich Kinder, leider vergeblich. Die Weihnachtsfeste sind anstrengend. »Es ist ein Fest für Kinder«, sagt Hiller wehmütig.

Der Glaube bleibt ihr wichtig, und zwar ein handfester, plastischer unvergeistigter Glaube an einen Gott, mit dem man reden kann und soll, in allerlei Tonarten und Gemütszuständen, und der dann auch zuhört, und zwar wohlwollend, und der manchmal antwortet. »Mädchenglaube« nennt sie ihn lächelnd, »mit einem Himmel so ähnlich wie in dem Volkstheaterstück »Der Brandner Kasper«, »bloß dass der Himmel nicht zwischen Preußen und Bayern geteilt ist«. Zu diesem Mädchenglauben gehört es, dass die Lebenden und die Toten der Wiederkehr des Herrn und der dereinstigen Auferstehung harren, von der man nicht weiß, wann sie sein wird und wie sie genau vor sich gehen wird. Aber eins glaubt sie fest: Dass die Auferstehung keine Metapher ist und kein Symbol, weshalb sich Maria Hiller mit Fragen quält wie: Wie steht ein Ungeborenes auf? Mit Fragen wie diesen lebt sie, sie tauchen mal auf und dann wieder weg, Maria Hiller kommt damit zurecht.

19 Jahre nach der Abtreibung, knapp anderthalb Jahre, bevor Maria Hiller und ich zusammensitzen, stirbt ihr Vater. Plötzlich und für sie unerwartet spült sein Tod ihre Erinnerungen von damals hoch, vergessene, verdrängte,

schmerzhafte Einzelteile, auch aus den Wochen vor und nach der Abtreibung. Zum Beispiel: Hat die Krankenversicherung damals eigentlich die Abtreibung bezahlt? Oder war das mein Vater? Und dann, im Fahrwasser dessen, die Was-wäre-wenn-Fragen: Wie wär's gewesen, das eigene Kind im Arm zu haben, zu stillen? Warum denkst du, es wär ein Mädchen gewesen?

Sie sucht das Gespräch mit einem Priester, dessen Gottesdienste sie und ihr Mann seit Langem besuchen. Er lädt sie ein in sein Büro. Als sie an der Haustür steht, hofft sie, dass er den Termin vergessen hat. Hat er nicht. Sie setzen sich. Er sagt nicht viel. Es ist an ihr zu reden. »Es waren schlimme Gespräche«, erinnert sie sich, und in der warmen Stimme, mit der sie das sagt, schwingt mit: Schlimm ist nicht schlimm, schlimm ist gut. Es passiert nichts, was sich spektakulär erzählen ließe, ihr geht nicht plötzlich ein Licht auf, eher ist es so, dass sie mit der Zeit anfängt, die Dinge in anderem Licht zu sehen.

Der Priester sitzt ihr gegenüber, zeigt keine Lösungswege auf, ist nicht übertrieben sachlich, nicht übertrieben empathisch, sagt gar nicht viel Schlaues, und wenn, dann eher nebenbei. So wie in dem Moment, als er »Ihr Kind« sagt. Das trifft Hiller mitten ins Herz. »Dass es mein Kind ist, mein Kind! Es ist das, was ich seit 19 Jahren gefühlt habe, aber es hatte noch nie jemand gesagt. Es war mir nicht gestattet worden zu sagen: dass es mein Kind ist. Ich hatte es mir nicht gestattet, das zu sagen.«

Der Priester macht ihr das Angebot, ihr die Beichte abzunehmen. Ihr ist sie fremd, und außerdem hat sie

Angst davor. Sie sieht sich in einem dunkel getäfelten Beichtstuhl sitzen. »Ich bin nicht zur Selbstkasteiung geboren.« Sie lässt sich erst einmal erklären, wie das abläuft. Und findet die Formel der Lossprechung sehr schön: »Gott, der barmherzige Vater, hat durch den Tod und die Auferstehung seines Sohnes die Welt mit sich versöhnt und den Heiligen Geist gesandt zur Vergebung der Sünden. Durch den Dienst der Kirche schenke er dir Verzeihung und Frieden. So spreche ich dich los von deinen Sünden im Namen des Vaters und des Sohnes und des Heiligen Geistes.«

Als sie beisammensitzen, macht er ihr ein Angebot: Er könnte sich einfach eine Stola umhängen und die altüberlieferten Worte sprechen. Hiller hat das Gefühl, dass sie einem gegenübersitzt, der sich das nicht leicht macht, nicht einfach alles mit dem Mantel der Barmherzigkeit überdeckt. Der die Schwere dessen, was auf ihr lastet, begriffen hat. »Ich hatte das Gefühl, da nimmt mich wirklich einer ernst.« Und dann spricht er sie los.

Nicht, dass danach alles gut gewesen wäre. Aber eins ist doch passiert: »Ich habe Gott die Tat gesagt. Ich habe gesagt, es tut mir leid. Das muss ich nicht fünf Mal tun. Er hat's gehört. Er hört gut!« Aber dass er ihr verziehen hat, heißt noch nicht, dass sie sich verziehen hat. »Ich glaube, es ist leichter, jemandem anderen zu verzeihen als sich selber. Den anderen, den muss ich nicht mehr wiedersehen. Da ist es wahrscheinlich leichter zu sagen: Schwamm drüber, da steh ich drüber. Sich selber aber begegnet man jeden Tag im Spiegel, und jeden Tag muss man sich sagen: ›Es ist okay, ich mag dich trotzdem‹«. Immerhin kann sie Gott darum bitten, ihr zu helfen, sich selbst zu verzeihen. »Aber ehrlich gesagt gehe ich nicht zu ihm, um ein Problem gelöst zu bekommen. Ich gehe hin zu ihm und zeig es ihm so, wie es ist, ich zeige ihm meinen Kampf, meine Hilflosigkeit, mein Selbstmitleid, meine Plackerei.« Und sie fügt hinzu: »Es gibt Tage, an denen ich es mir zu 100 Prozent verziehen habe, und andere, wo ich schwächer bin, wo ich Selbstmitleid brauche – es ist ein Kampf mit mir selber. Aber ein Christ sollte nicht kämpfen, der sollte viel loslassen und in Gottes Hand legen. Aber auch das ist ein Kampf, dass man auf Gott vertraut und ihm sagt: ›Ich kann es nicht selber schaffen, aber du wirst mir helfen, mir zu verzeihen.‹«

Wir haben das Café inzwischen verlassen und uns auf den Weg zu einem Friedhof gemacht. Dort gibt es ein Grab, an dem Eltern, die ihr Kind verloren haben, trauern können, verwaiste Eltern. Manche legen kleine Putten hier ab oder Spielsachen, mit denen ihre verstorbenen Kinder gespielt haben. Maria Hiller kommt ab und zu hierher. Denn da ist noch etwas, was ihr in den Gesprächen mit dem Priester klar geworden ist: Es ist zwar wichtig, sich mit sich selbst auseinanderzusetzen und das Gespräch mit Gott zu suchen. Aber eins fehlt noch – und wieder hat der Priester mit einer scheinbar simplen Frage zutage gefördert, was das ist: »Haben Sie jemals um Ihr Kind getrauert?«

Die Idee war völlig neu für sie. Dass sie das braucht, dass ihr das gut tun könnte, dass sie das darf. Dabei ist es, von außen gesehen, völlig naheliegend. Sie hat einen Verlust erlitten, und darunter leidet sie, und für dieses Leid ist es nicht entscheidend, wer der Auslöser dafür ist und zu welchen Überlegungen über Verantwortung, Schuld, Sünde, Vergebung man gelangt. Nur sieht Maria Hiller es nicht von außen.

Hat sie jemals gedacht, ihr schlechtes Gewissen geschehe ihr recht? »Nein, überhaupt nicht, wieso soll das gerecht sein? Das wäre Selbstgeißelung. So weit gehe ich nicht.« Es war ganz anders: Sie hatte sich all die Jahre lang schuldig gefühlt, sich aber die Schuld nicht erlaubt. Plötzlich durfte sie auch schuld sein und jetzt bringt sie hervor: »Ich war's, ich hab's gemacht, verstehen Sie? Ich muss nicht gestehen und bekennen, ich darf es. Endlich darf ich es. Und darin besteht die Güte und Barmherzigkeit, die Gott uns gegenüber aufbringt, dass er, trotz allem, sagt, komm her, ich trag dich, wenns dir schlecht geht.«

Mir fällt der Begriff »geläutert« ein, der ja so viel heißt wie »reinigen, klären«. Meistens wird er verwendet, wenn jemand aus Fehlern gelernt, sich gebessert hat, gereift ist, und das ist Maria Hiller sicher auch. Darüber hinaus aber scheint in ihrer Läuterung etwas spezifisch Spirituelles mitzuschwingen: Erst durch die Erfahrung von Schuld und den Kampf um Vergebung hat sie ermessen, wie weit die Liebe Gottes trägt, der keines seiner Geschöpfe verwirft. »Bleibt in meiner Liebe!«, so sagt Jesus gemäß der Einheitsübersetzung, dahinter steht ein Ausrufezeichen, und das ist nicht nur Angebot, Aufforderung, Befehl, sondern auch eine Bitte. Eine, der Maria Hiller nachgekommen ist: Sie ist hingerückt zu seiner Liebe.

Sie trauert. Und: Sie hat sich bei ihrem Kind entschuldigt. Wobei das, wörtlich verstanden, eine Unmöglichkeit ist: sich zu ent-schuldigen, also sich selbst die Schuld zu nehmen. Man kann nur darum bitten. Sie hat ihm einen Brief geschrieben. Zerknüllt, neu formuliert, wieder verworfen, sich wieder hingesetzt. »Zum Schluss stand gar nicht viel drin. Ich habe mich entschuldigt für das, was ich ihm vorenthalten habe. Für sein ungelebtes Leben. Musik, Schönheit, Freude. Ich habe mich auch dafür entschuldigt, dass ich es getan habe, obwohl ich es nicht wollte. Dass ich mir selbst nicht treu war.« Sie hat festgestellt, dass Trauern etwas Schönes sein kann. »Auch jede Träne, die ich um meinen Vater geweint habe, hat ihn doch in gewisser Weise geehrt.«

Das Jahr, seit sie mit dem Priester gesprochen hat, war kein leichtes Jahr. »Aber ein gutes Jahr. Wie ein Bauer, der nach guter Ernte sagt: Es war nicht leicht, aber jetzt ist die Scheune voll.« Ein paar Wochen später telefonieren wir noch einmal. »Wenn Sie das Buch noch nicht fertig haben, schreiben Sie bitte noch, dass die Bindung zwischen Mutter und Kind immer da ist. Auch wenn man es abtreibt. Sie ist immer noch da. Wie gegenüber einem Verstorbenen.«

Da fällt mir auf: Worte wie »einen Abschluss finden«, »hinter sich lassen« hat Maria Hiller nicht ein einziges Mal gebraucht. Sie scheint sich von zwei Dingen verabschiedet zu haben: es ungeschehen machen zu wollen, indem sie sich nicht damit beschäftigt. Und einen Status zu erreichen, in dem das Geschehene verarbeitet und damit abgeschlossen hat, ein für alle Mal. Fragen, die sie nicht verdrängt, lauten zum Beispiel: Wie funktioniert die Auferstehung bei einem Ungeborenen? Und wie begegnen sich mein Vater und mein Kind im Himmel? Der Priester hat ihr gesagt: »Die sind nahe bei Gott und haben ewigen Frieden. Jetzt fehlen nur noch Sie«, und das interpretiert sie so: »Es wird Zeit, dass ich mit dem ganzen Quartett ins Reine komme, mit Gott, dem Kind, dem Vater und mir.«

Vielleicht kommt man ins Reine nicht, indem man abschließt, sondern produktiv nichtabschließt. Die Kunst ist dann, die Kraft und Bereitschaft aufzubringen, sich immer wieder neu mit etwas auseinanderzusetzen und dabei etwas zutage zu fördern, was einen weiter bringt. »Wie kann ich an etwas wachsen, was ich verdränge?«, fragt Hiller.

Noch etwas ist ihr aufgegangen in letzter Zeit: dass Gott uns Menschen nicht nur zum Büßen erschaffen hat. Seine Schöpfung sollen wir loben und preisen, wir sollen sie, deren Teil wir sind, genießen und dafür Danke sagen. Wer immer nur bereut, lebt das Geschenk des Lebens nicht voll aus.

11

Schluss

Vor Jahren bin ich beim Bergwandern in ein krasses Gewitter geraten. Blitz und Donner direkt über uns, scharfe kleine Hagelkörner. Wir rennen querfeldein über eine Wiese, um zu unserer Hütte zu kommen. Aus den Augenwinkeln sehe ich: Ein Kalb, in finstere Panik geraten, verlässt seinen schützenden Verschlag, rast hangabwärts auf den Stacheldraht zu, der die Wiese umspannt. Es rammt dagegen, rennt mitten hinein in die Eisendornen, ungebremst, Kopf voran, weicht zurück, mit blutender Schnauze, und dann: Nimmt es Anlauf und läuft abermals auf den Zaun zu, abermals mit voller Wucht, rückhaltlos, reißt ihn ein mit seiner Schnauze und läuft zu Tal. Immer langsamer wird das Tier auf dem Weg nach unten, und kurz bevor ich es an einer Kurve aus den Augen verliere, scheint mir, es trotte irgendwie, wie soll ich sagen? Gelöst.

Diese Bilder treten mir jetzt unwillkürlich vor Augen, während ich mich frage, was die Menschen, die ich für dieses Buch getroffen habe, miteinander verbindet.

Zunächst das Offensichtliche: Es gab etwas, was sie aus der Bahn zu werfen drohte. Die Menschen haben das Zerbersten von Zuversicht erlebt, den Verlust von Urvertrauen. Aber das war's auch schon fast, was sie verbindet, und das finde ich ganz schön wenig für eine so lange Recherche, aber so ist es nun mal: Eine Jugendliche, die erfährt, dass sie adoptiert worden ist, hat etwas völlig anderes erlebt als eine Frau, deren Mann sie vergewaltigt hat. Ein junger Mann, der sein Gedächtnis und damit seine Identität verliert, schaut anders auf sein Leben als ein Vater, dessen Sohn getötet wurde. Mir ist wichtig, diese Verschiedenheit stehen zu lassen, sonst würde ich keinem von ihnen gerecht. Und weil ich keinen Ratgeber schreiben wollte, werde ich auch der Versuchung widerstehen, ein paar schale Tipps und Tricks zu destillieren und Ihnen eine Moral von der Geschicht' zu servieren.

Gisela Mayer und Eva Kor, Stefan Tiefenbacher und Ismael Khatib, Yaël Chernobroda und Martina Frason, Tanja Kowalski, Maria Hiller und Aba Gayle trennt so vieles. Und doch dämmert mir etwas, als ich mir in der Rückschau die Bilder meiner Begegnungen mit ihnen vor Augen führe. Allesamt sind Radikale.

Wieso bitte muss ich jetzt an das Erlebnis in den Alpen denken, was bewegt mich daran?

Es ist nicht so sehr die Panik, nicht das blinde Anrennen der überforderten Kreatur, nicht das Zurückschrecken vor dem scheinbar Übermächtigen, nicht die Verletzung und nicht der Schmerz. Was mich bewegt, ist der neue Anlauf.

Die Menschen in diesem Buch haben sich sehr genau angeschaut, was ihnen passiert ist und durch wen. Wenn sie dabei überfordert waren, sind sie zurückgeschreckt. Und dann passierte das, was sie verbindet: Sie haben weitergemacht. Sie sind dorthin gegangen, wo es weh tut, viele Male. Nicht blindlings, aber beherzt. Sie haben behutsame Wege gefunden, sich nicht zu schonen. Dabei kommen sie zu sehr unterschiedlichen Ergebnissen: In Gisela Mayer musste der Täter erst zum Menschen reifen. Das gelang ihr, indem sie ihr Bild von ihm Stück für Stück erweiterte, bis sie ihn spüren konnte. Das Verzeihen lag ihr dabei gar nicht im Sinn, es passierte ihr »nebenbei«, wie sie sagt. Auch Tanja Kowalski scheint das Thema dieses Buches gar nicht so sehr zu interessieren: Ob sie ihrem Mann die Vergewaltigung verzeiht, ist ihr weniger wichtig als die Frage, wie es mit den beiden als Eltern weitergeht. Die Ehe mag kaputt sein, aber sie wollen für die beiden Kinder weiter da sein, gemeinsam. Kowalski, die Mutter und Pragmatikerin, verabsolutiert die Tat nicht und verharmlost sie auch nicht, aber sie setzt sie ins Verhältnis zu anderen Aspekten ihres Lebens und auch zu anderen Anteilen der Persönlichkeit ihres Mannes: Ein guter Vater kann ein schlechter Partner sein, ein eigentlich lieber Kerl kann unter Drogeneinfluss seine Menschlichkeit verlieren; eine kriminelle Tat gehört strafrechtlich geahndet, gleichzeitig ist Kowalski an einer geringen Strafe interessiert. Ist das widersprüchlich? Vielleicht. Ist es geeignet, die Tat insgesamt zu verharmlosen? Vielleicht. Für mich ist wichtig, dass Kowalski ihren Blick nach vorn richtet, ohne zu ignorieren, was ihr angetan wurde.

Auch Ismael Khatib ist einer, der nicht das Hohelied von Vergebung oder Versöhnung singt. Aber eben auch nicht das des Hasses. Er zeigt mir, dass Vergebung, so wichtig sie ist, kein Selbstzweck und keine Voraussetzung dafür ist, human zu bleiben. Damit setzt er mein Thema in die richtige Perspektive. Er bleibt bei seiner kämpferischen Einstellung gegen die Besatzung, er interpretiert das Spenden der Organe seines Sohnes unter anderem an Israelis sogar als Teil seines Kampfes, aber es bleibt dabei, dass er etwas Großherziges, Großartiges zuwege gebracht hat, das das Zeug hat, den Weg zu einem Miteinander oder wenigstens Nebeneinander der Menschen zu weisen. Khatib erinnert mich daran, dass Vergebung kein »Königsweg« irgendwohin ist.

Ismael Khatib, Tanja Kowalski und Yaël Chernobroda haben mich, jeweils auf ihre Weise, über das Wesen von Verzeihen, Schuld, Strafe und Versöhnung nachdenken lassen. Das eine kann sehr wohl ohne das andere sein: Man kann, wie Ismael, eine Botschaft der Versöhnung senden, ohne zu verzeihen. Man kann, wie Tanja Kowalski, auf Bestrafung bestehen und dennoch miteinander weitermachen wollen. Oder man kann, so wie Yaël, sich versöhnen einfach aus der Einsicht heraus, dass alle eine friedliche, gerechte Zukunft wollen. Bei all dem kann sie die Unschärfen des Geschehenen auch stehen lassen: Sie wird nie sicher wissen, welche Rolle die Erziehung des Mörders ihres Mannes für seine Radikalisierung gespielt hat, fühlt sich aber dennoch dessen Mutter nahe, denn sie weiß: Wir beide haben Familienangehörige verloren.

Schuld auf sich nehmen, Verantwortung dafür übernehmen, um Vergebung bitten, eine Entschuldigung akzeptieren, Strafen, Verzeihen, Versöhnen – diese Elemente eines Prozesses stehen weit weniger stark in Verbindung zueinander, als ich gedacht hätte. Eva Kor zeigt Vergebung als eine Selbstbefreiung, gar als egoistische Maßnahme, und als späten Sieg über die Peiniger. Dass sie für ihr Verzeihen keine Bedingungen wie ein Geständnis oder eine Entschuldigung gestellt hat, und dass sie pauschal allen

Nazis vergeben hat (aber nur in ihrem Namen), das macht das Verzeihen zu einem radikal autonomen Akt.

Aba Gayle hat mir gezeigt, wie weit man mit dem Versöhnen gehen kann. Sie und Maria Hiller haben mir außerdem die vertikale Dimension des Themas vor Augen geführt, dass Gott ein Wörtchen mitzureden hat. Erstens, weil man auch ihn um Vergebung bitten kann. Zweitens, weil er das möchte. Drittens, weil er möchte, dass wir einander verzeihen. Und viertens, weil er uns dabei helfen kann.

All das haben die acht ausklamüsert, im Kopf, im Herzen, im Bauch, im Gespräch mit sich, Gott, Freunden, Seelsorgern, Tätern. Die meisten haben sich dabei eine emotionale und geistige Geschmeidigkeit angeeignet, die es ihnen erlaubt, ihren Blick auf sich, auf die anderen Beteiligten und auf die Tat auch über Jahre hinweg immer wieder zu hinterfragen und neu zu justieren. So wie Martina Frason: Als sie merkte, dass ihre Wut auf die leibliche Mutter sie nicht ruhen ließ, staute und züchtete sie diese Wut nicht, sondern setzte sie der Wirklichkeit aus, und siehe da: Alles war anders als gedacht, und weg war sie, die Wut. Oder Eva Kor, die von sich sagt, sie sei ihr Leben lang ein gutes Opfer gewesen, und die erst im Alter die Zwangsläufigkeit des Hasses, der Wehrlosigkeit, des Opferdaseins infrage stellte.

So eröffnet sich eine Perspektive auf das Leben, die nicht nur in der Rückschau entsteht, sondern auch im Blick auf die Zukunft. In der journalistischen Berichterstattung gibt es die Floskel, jemand »leidet unter« einer

Krankheit, etwa Asthma. Seltener findet sich der Ausdruck, jemand »lebt mit« Asthma. Darin steckt ein doppelter Perspektivwechsel. Erstens wird der Blick weg vom Leiden und hin auf den Umgang damit gelenkt, und zweitens ein Stück weg von der Vergangenheit, hin auf Gegenwart und Zukunft. Das scheint auch meinen Gesprächspartnern gelungen zu sein. Sie leben weiter. So enthält das Verzeihen auch Verzicht: Es gibt für das, was passiert ist, keine Lösung. Es gibt nur ein Leben, und das ist noch nicht zu Ende. Und: Nur die Tat selbst mag anhand der Fakten hinreichend beschrieben sein, doch der Umgang mit ihr ist es nicht.

Wenn man das verstanden hat – ist noch lange nicht alles gut. Weiterhin ist nichts ungeschehen gemacht, nicht alles gesühnt, es mögen schwere Träume bleiben, Schuld, Ohnmacht, Wut, Hass und Trauer. Weil es keine Ungeschehmachmaschine gibt. Aber es gibt etwas Zweitbestes: Etwas in uns, das uns zeigt, dass sich das Geschehene anfassen lässt, betrachten und interpretieren, dass es dabei weder Vorschriften noch Verbote gibt. Vergebung funktioniert nicht auf Knopfdruck, sie funktioniert nicht auf sozialen Druck, sie funktioniert überhaupt nicht auf Druck. Vergebung ist ein Kind der Freiheit.